AF232195

HENRI ROCHEFORT

LES SIGNES

DU TEMPS

3me Série des *Français de la Décadence*

PRIX : 3 FRANCS

PARIS

LIBRAIRIE CENTRALE

9, RUE CHRISTINE, 9

1868

LES

SIGNES DU TEMPS

Paris. — Imprimerie L. Poupart-Davyl, 30 rue du Bac

HENRI ROCHEFORT

LES SIGNES

DU TEMPS

—

3me Série des *Français de la Décadence*

—

PRIX : 3 FRANCS

PARIS

LIBRAIRIE CENTRALE

9, RUE CHRISTINE, 9

—

1868

Tous droits réservés

LES

SIGNES DU TEMPS

---

2 *juin* 1867.

Les orateurs de l'opposition ont paru surprendre énormément le Corps législatif en
lui annonçant qu'on jouait sur les fonds publics. MM. les députés, en allant retenir des
places au Vaudeville pour la reprise de *ia
Dame aux Camélias*, avaient bien aperçu sur
la place de la Bourse un monument de forme
païenne, sur les marches duquel erraient des
gens inquiets; mais on leur avait raconté que
c'était une ferme modèle, & quand ils enten-

1

daient à travers les murailles ces cris exas-
pérés :

— A 69 40, j'ai!

— A 69 3o, je·prends!

Nos députés se disaient entre eux :

— C'eſt étonnant comme le commerce des
beſtiaux va bien!

De temps en temps, il eſt vrai, un employé
dont les appointements annuels n'avaient
jamais dépassé quinze mille francs, entrait
dans la ferme modèle, précisément la veille
du jour où une note attendue devait paraître
dans *le Moniteur;* il y reſtait une heure &
demie environ & en ressortait non sans se
frotter les mains. La majorité du Corps
législatif était alors convaincue que l'employé en queſtion était un homme faible de
poitrine qui était allé à l'étable même boire
une tasse de lait de chèvre & qui exprimait,
par des marques visibles de satisfaction, le
soulagement que lui avait procuré ce cordial.
Le lendemain, cependant, la note paraissait
dans le journal officiel, & l'employé à quinze
mille francs achetait une propriété de cin-

quante mille écus qu'il payait comptant, & le Corps législatif se contentait de murmurer :

— Tiens! il faut croire qu'il a fait un héritage.

Devant le nombre croissant des gens sans fortune qui achetaient des propriétés de cinquante mille écus, peut-être le Corps législatif aurait-il pu trouver surprenant que les notes du *Moniteur* eussent pour principal résultat de faire décéder les oncles à succession; mais la confiance eft le contraire de l'honneur, on n'en peut plus sortir lorsqu'on eft dedans.

Aussi quand MM. Picard & Émile Ollivier ont expliqué à leurs honorables collègues que la prétendue ferme modèle de la place de la Bourse était simplement un temple élevé à Jupiter agioteur, au fronton duquel il fallait graver ces mots en lettres d'argent :

AUX INNOCENTS LES MAINS VIDES

la droite a tressauté sur ses bancs en déclarant qu'il fallait absolument prendre des mesures.

Depuis le temps que cette situation per-
sifte & que le tripotage eft élevé à la hauteur
d'une inftitution, il fallait, convenions-en,
avoir l'ouïe bien insensible pour ne pas entendre les cris des victimes qui n'ont jamais
mis une sourdine à leur voix plaintive. Je ne
me donne pas pour un financier d'une trempe
exceptionnelle, mais il me semble que les mesures viendront un peu tard. Sans vous offen-
ser, voilà une bonne quinzaine d'années que
cette agence des poules fonctionne sans inter-
ruption. A l'heure solennelle à laquelle nous
touchons, il eft probable que ce que les jardi-
niers appellent le ratissage eft, d'un côté, à
peu près complet, & que, de l'autre, les pelotes
sont faites. Aujourd'hui que les sociétés les
plus multicolores ont planté leurs drapeaux
sur la fortune publique, aujourd'hui que
toutes les compagnies formées pour l'exploitation des mines de clous de girofle & du sel
de macadam ont placé leurs actions & dévalisé
leurs associés, la mesure d'un vêtement d'hôpital eft la seule qu'on puisse offrir à ces valé
tudinaires.

Un homme meurt. On le porte à l'église, puis au cimetière, où le baron Taylor prononce un discours sur la fosse encore ouverte. Si, une fois la cérémonie terminée, un assistant demandait la parole & s'écriait :

— Messieurs, allons chercher un médecin ; je crois qu'il eſt temps de prendre des mesures !

Il n'eſt personne qui ne regardât cette proposition comme tout à fait oiseuse. Maintenant qu'il eſt queſtion de prendre les fameuses mesures, mettez-vous dans un coin de porte & observez : ce sont ceux qui depuis quinze ans ont fait leur fortune dans toutes les eaux troubles, qui vont tonner contre les agioteurs avec le plus d'énergie. Rien au monde ne rend vertueux comme cinq cent mille livres de rente malhonnêtement acquises, & c'eſt surtout lorsqu'on a mis à l'abri une fortune ramassée par des moyens spéciaux, qu'on songe à empêcher les autres de s'enrichir par les mêmes procédés.

Nos lois sont, du reſte, absolument impuissantes à protéger le citoyen français contre les ardeurs de la spéculation. Que demain une affaire s'organise sur les bases de la plus vaste filouterie, un journal aura toujours le droit de démontrer que les millions vont neiger dans les caisses des actionnaires. Mais s'il déclare que la France est volée, la Compagnie l'attaque & le fait condamner à deux mois de Sainte-Pélagie, la preuve n'étant pas admise en matière de diffamation. L'affaire culbute avant la première année; mais on ne rend pas plus au journaliste ses deux mois de prison qu'on ne rend leur argent aux souscripteurs. De sorte que notre situation est celle-ci : nous avons parfaitement le droit de contribuer à enfoncer le public, mais il nous est parfaitement interdit de chercher à l'éclairer.

Aujourd'hui, par exception, la spéculation s'est portée sur la location des fenêtres d'où l'on pourra voir passer l'empereur de Russie. On joue à Saint-Pétersbourg un drame intitulé *la Vie pour le Czar*. Tout ce que nous pouvons faire ici, c'est d'offrir la croisée pour le Czar. Du reste, comme personne ne sait au jufte quel chemin suivra le cortége, les fenêtres se louent à condition. C'eft une loterie sans tirage, comme pour les obligations mexicaines. Vingt francs par personne, si l'empereur de Russie prend la rue dont les balcons sont loués; trois francs, s'il en prend une autre. De sorte que les gens les plus à la mode sont exposés à passer une après-midi chez un ferblantier & à donner encore trois francs par tête, pour l'unique plaisir d'avoir fait la conversation avec ce rétameur de casseroles.

Quoique, à vrai dire, il n'y ait pas grand mérite pour un souverain à posséder quelques mètres carrés de plus qu'un autre, surtout quand il a reçu le tout de M. son père, l'empereur de Russie eft inconteftablement la plus demandée des majeftés attendues. On raconte déjà qu'il a avec lui un chien dont il ne se sépare jamais, & les courtisans, ces êtres odieux dont le féminin eft courtisane, se disent mentalement que, s'ils ne peuvent pas approcher l'empereur, il pourront du moins approcher le chien.

Il y aurait même, pour un décavé jaloux de

se refaire, un moyen assez simple de recon-
quérir une position. Évidemment le lévrier
de l'empereur de Russie n'eſt pas ennemi
d'une partie fine. Vous faites l'acquisition
d'une de ces petites chiennes françaises qui
sont aussi vicieuses que séduisantes. Le lévrier
impérial, qui se trouve un jour comme par
hasard nez à nez avec elle, ne peut la voir sans
ressentir une vive impression.

Rentré chez lui, le noble animal tombe
dans une mélancolie noire, il ne mange plus,
ne mord plus les mollets des petits enfants, &
ne casse plus guère que pour trois cents francs
de porcelaines par jour. Le souverain, in-
quiet, se demande si son lévrier ne serait
pas vexé de ce qu'on n'a pas déporté assez de
Polonais; enfin il devine que l'amour eſt le
seul coupable. Il monte vos cinq étages,
pousse lui-même votre porte basse &, après
s'être nommé, il vous demande pour son chien
la main de votre chienne.

Vous résiſtez longtemps en mettant en
avant les queſtions de principes, d'honneur &
de nationalité. Le czar vous supplie de ne pas

réduire sa bête au désespoir. Enfin, après une lutte courtoise, mais énergique, vous cédez, le mariage se fait, & trois mois après vous êtes ambassadeur.

———

5 *juin* 1867.

J'ai un faible pour les amnifties, & je suis heureux d'apprendre que le dernier acte de la tragédie polonaise eft un acte de clémence. Paris, qui a si souvent illuminé sans savoir pourquoi, aurait donc pu, à mon avis, consacrer quelques lampions au retour de la Pologne dans ses foyers. Malheureusement, l'impitoyable agence Havas nous transmet un alinéa qui renverse tous mes plans d'éclairage à giorno.

« Les Polonais internés en Russie, dit la dépêche de Saint-Pétersbourg, & dont la conduite *a été satisfaisante*, seront autorisés à retourner dans leur pays. »

Généralement, quand un homme eft condamné à vingt ans de Sibérie forcée, c'eſt que sa conduite n'a pas précisément satisfait ceux qui le condamnent. Les criminels punis pour conduite satisfaisante sont excessivement rares, pour ne pas dire introuvables. En outre, on se demande ce que l'agence Havas & le gouvernement russe comprennent par ces mots à double entente & à double détente : « Conduite satisfaisante. » Quand des infortunés sont engloutis dans des mines où ils passent leurs jours, qui ne se diſtinguent guère de leurs nuits, à creuser à coups de pioche des galeries souterraines, ils auraient la meilleure volonté de se mal conduire qu'ils y réussiraient bien difficilement.

Sont-ils obligés, pour obtenir un bulletin de bonne conduite, d'être rentrés dans leur mine tous les soirs avant minuit, & la mauvaise conduite consiſte-t-elle pour un Polonais à conter fleurette à une petite déportée des environs ? Nous pouvons être sûrs, en tous cas, qu'ils ne vont pas perdre leur temps au café, puisqu'aucun limonadier n'a de sa vie eu l'idée d'ouvrir un établissement sur des

boulevards aussi extérieurs, & il n'eſt pas besoin de consulter leurs dossiers pour affirmer
que nul d'entre eux ne s'eſt jamais fait répri-
mander pour danse inconvenante dans un bal
public, puisqu'ils sont, hélas! à dix-huit cents
lieues de toute Closerie des Lilas.

Cette formule « conduite satisfaisante » eſt
donc encore une de celles que chacun inter-
prète à sa manière & selon ses intérêts. La
même conduite qui me satisfait, moi, peut
vous paraître, à vous, souverainement déplai-
sante. Quand Garibaldi a conquis en huit
jours le royaume des Deux·Siciles, sa conduite a probablement été considérée comme
très-peu satisfaisante par le roi de Naples, &
satisfaisante au possible par Victor-Emmanuel, qui bénéficiait de la conquête. Presque
toujours, malheureusement, se cache au fond
des mesures d'indulgence un petit article qui
en annule complétement les effets. Quand
une phrase donne lieu à plusieurs traductions,
c'eſt généralement à la moins généreuse qu'on
s'arréte. La télégraphie privée nous annonce
aujourd'hui qu'une amniſtie pleine & entière

eſt accordée aux Polonais qui se sont bien conduits. Qui me prouve que demain nous ne recevrons pas une dépêche ainsi conçue :

Pétersbourg, 3 juin.

« Les Polonais n'ayant eu qu'une conduite à demi satisfaisante, les choses reſtent dans le même état qu'auparavant. »

Espérons cependant que, par extraordinaire & pour cette fois seulement, les peuples recueilleront quelques motifs d'indulgences plénières dans les baisers Lamourette de cette Exposition qui, jusqu'à présent, n'avait eu pour résultat que de les laisser manquer de voitures & de leur faire payer le filet de bœuf quatre francs la livre. On a besoin de croire que les princes sont sincères. « Le plaisir rend l'âme si bonne, » a dit Béranger, ce dangereux propagateur du chauvinisme dans les classes pauvres. Or, si le plaisir a été jamais le drapeau de la France, c'eſt certainement aujourd'hui. Il me semble même, soit dit sans aucun sentiment d'humiliation personnelle, que les étrangers de haute diſtinction dont nous célébrons les visites regardent Paris comme une espèce de *bateau de fleurs* où l'on vient uniquement pour mener la vie belle & joyeuse.

Lorsqu'à Erfurt, l'empereur de Russie & Napoléon Ier se trouvèrent au théâtre, dans la même loge, on leur joua une tragédie. L'hiſtoire prétend même qu'à ce vers

L'amitié d'un grand homme eſt un bienfait des dieux!

le czar tendit la main à Napoléon, qu'il devait, du reſte, contribuer, trois ans plus tard, à embarquer pour Sainte-Hélène. Car, en politique, une poignée de main n'engage à rien.

Aujourd'hui, il ne s'agit plus de tragédie. La première pièce que nos illuſtres hôtes se hâtent d'aller voir, c'eſt *la Grande-Duchesse de Gerolſtein*. Ils sont parfaitement convaincus, & ils n'ont peut-être pas tort, que Paris n'eſt plus capable que d'écouter Hortense Schneider faisant cascader sa vertu. M. Haussmann a dit un jour que Paris ne devait être qu'un immense caravansérail où l'Europe viendrait passer ses vacances. J'ignore si cette parole imprudente a été prise au pied de la lettre, mais les étrangers ont l'air de se rendre chez nous comme dans un mauvais lieu. Ils paraissent croire, en y entrant, qu'une mise débraillée & qu'une conduite légère y sont de rigueur, qu'on n'y vient, comme au Casino-Cadet, que pour parler aux femmes, manger des écrevisses & danser des pas hasardés. Paris, qu'on avait surnommé la tête de la France, n'en eſt plus, pour eux, que les jambes.

Si tel eſt le but auquel on visait, il faut convenir que jamais franc-tireur ne l'a plus sûrement atteint. Il me semble que nous jouons tous une féerie, que le théâtre représente *le pays de la rigolade*, & que nous allons entendre à la cantonade la voix de l'acteur Lebel s'écriant :

— Allons, bon ! encore une étoile dans ma tabatière !

Je trouve seulement que, dans un tel état

de choses, l'habit noir eſt bien sérieux pour le Parisien, qui l'eſt si peu. Puisqu'il eſt con-venu que nous devons donner aux Européens ſtupéfaits le speĉtacle d'un carnaval perpétuel, nous devons, si nous sommes conséquents, nous coſtumer comme pendant les jours gras. Je ne demande pas mieux, quant à moi, que de circuler dans les rues déguisé en polichi-nelle, à condition toutefois que nos hommes d'État les plus recommandables s'y mettront également & qu'ils se résigneront à prononcer leurs discours en javanais.

Les moindres circonſtances servent à éta-blir, du reſte, à quel point maintenant la vie ordinaire eſt déséquilibrée. Hier, à la vente Salamanca, qui, à mon avis, contient des choses excessivement remarquables, le plus petit morceau de Murillo ou de Vélasquez montait sans effort à des quatre-vingt-quinze mille francs. On a poussé, non sans raison, de violentes clameurs lors de l'achat, moyen-nant six cent mille francs, par le musée du Louvre, de la fameuse *Conception*, dont plu-sieurs parties sont maladroitement repeintes.

A cette heure, & bien que Murillo soit incontestablement un maître de second ordre sur le compte duquel on reviendra un jour ou l'autre, sa *Conception* se vendrait un million & demi.

Ce qui m'effarouche dans ces exagérations, ce n'eft pas de voir payer cher les choses réussies, c'eft de me dire que les mauvais tableaux s'achètent quelquefois au même prix que les bons. Mieux vaut évidemment pour un jeune homme riche acheter cinquante mille francs une toile qui lui fait honneur, que de les donner à une femme qui le rend malade. Quand, à la vente Pommersfelden, on a adjugé pour trente-cinq mille francs quatre têtes de nègres à peine ébauchées, mais incroyablement belles, toute âme d'artifte a éprouvé une véritable satisfaction. En revanche, c'eft une réelle douleur pour nous de conftater jusqu'où va quelquefois l'extravagance des enchères unie à la perversion du goût.

Je crains, du refte, que nous n'ayons plus longtemps à nous occuper des queftions de ce genre, les étrangers nous enlevant peu à peu nos tableaux anciens, comme ils nous enlèvent depuis longtemps les modernes. A la première vacation de la vente Salamanca, je crois que pas un seul Murillo, non plus qu'un seul Vélasquez, n'a été adjugé à un Français. Nous avons tant fait pour attirer nos voisins d'outre-Manche, d'outre-Rhin & d'outre-Viſtule, qu'ils finiront par emporter chez eux toutes nos richesses. L'heure approche où nous serons obligés de faire cinq cents lieues à travers les montagnes pour aller regarder d'un peu près un morceau de peinture. Dans vingt ans, quand le mot « tableau, » alors à peu près disparu de la langue française, sera prononcé devant quelqu'un, il demandera avec curiosité ce qu'il peut bien signifier, & les vieillards qui ont vu beaucoup de choses lui répondront qu'un tableau se compose généralement d'une toile sur laquelle, au moyen d'un petit balai, on applique différentes couleurs, de façon à représenter tant bien que mal des scènes de la vie réelle.

Les jeunes gens s'informeront alors où &

comment on pourrait trouver quelques-uns
de ces objets bizarres, mais les vieillards leur
répliqueront que la race en eſt perdue comme
celle des épagneuls, & que les seuls tableaux
qui nous reſtent encore sont des tableaux
vivants.

9 juin 1867.

Jamais le rire n'a été plus près des larmes :

La Patrie publiait hier soir, sous la signature de M. Lebey, direĉteur du journal, la
note suivante que nous demandons la permission de faire composer en italiques afin
d'en conserver toute l'importance :

Un criminel attentat, que nous ne saurions
flétrir avec trop d'énergie & de douloureuse
indignation, a été dirigé hier soir, au bois
de Boulogne, contre l'empereur de Russie.

Nous ne comprenons pas la doĉtrine aussi
insensée qu'odieuse de la complicité morale,
mais nous ne pouvons nous empêcher de

demander si ceux qui, dans ces derniers temps, se sont livrés à des manifeſtations blessantes pour nos mœurs & rendues au moins inopportunes par l'hospitalité que l'empereur Alexandre reçoit en France, peuvent être aujourd'hui dans un amer regret du langage qu'ils ont tenu.

Le direƈteur de *la Patrie,*

LEBEY.

Ou cette malheureuse note signifie quelque chose, ou elle ne signifie rien. Si elle ne signifie rien, pourquoi M. Lebey l'a-t-il placée ainsi au fronton de sa feuille du soir avant tout autre article? Si elle signifie quelque chose, elle ne peut avoir qu'un sens, c'eſt que l'attentat polonais d'avant-hier, commis par un individu à peine majeur, avec un piſtolet de neuf francs, si naïvement chargé qu'il lui a éclaté dans la main, c'eſt que cet attentat, dis-je, a été inspiré par les cris poussés sur le passage du czar par un certain nombre de jeunes gens, dont plusieurs ont été arrêtés & sont encore aujourd'hui en prison.

Le ton doucereux & larmoyant de la proclamation de *la Patrie* ne peut en dénaturer l'intention. Or, M. Lebey sait mieux que personne que l'auteur de l'attentat du bois de Boulogne n'avait besoin d'aucun cri pour se monter la tête, puisqu'il était arrivé à Paris avec l'intention bien arrêtée de tirer sur le souverain la veille du jour où l'empereur de Russie eft allé visiter le musée de Cluny & le Palais de Juftice, & que nous lisons dans *la Patrie* elle-même cet extrait de l'interrogatoire du prévenu :

— Comment & à quel moment l'idée lui eft-elle venue de tirer sur l'empereur de Russie ?

— En y pensant, a-t-il répondu, depuis le jour où j'ai su que le czar devait visiter Paris.

Je n'ai pas à juftifier, non plus qu'à expliquer certaines proteftations, dont l'exaltation pouvait conftituer un manque de courtoisie, mais qui ne peuvent conftituer un crime. Seulement à qui donc *la Patrie* ferat-elle accroire que nos jeunes gens, dont la générosité native n’a jamais fait de tort qu’à eux-mêmes, ont pu contribuer pour une part quelconque à un assassinat? D’où vient donc, monsieur Lebey, ce zèle de mauvais aloi? Croyez-vous que les juges ont besoin de vos conseils, & que la juſtice n’a pas les éléments suffisants pour retenir ou relâcher ceux qui sont aujourd’hui sous sa main?

Et, pendant que vous profitiez ainsi d’une coïncidence toute fortuite, pendant que vous écriviez ces lignes, que vous savez bien être inspirées par la plus insigne mauvaise foi, avez-vous pensé qu’à Paris & qu’en province surtout, où les moindres faits grossissent par l’éloignement, des pères, des mères vont apprendre, par la voie de votre journal, que leurs fils peuvent être mêlés au procès d’un régicide? Vous avez pourtant des enfants qui sont jeunes & que vous aimez : que diriez-vous donc si vous appreniez que l’un d’eux a été, par hasard, arrêté dans une foule, à la suite d’une manifeſtation politique, & qu’un ami vous apportât un journal, où on le désignerait à la sévérité des tribunaux & à la réprobation du pays?

Vous ne pouvez ignorer que de nombreuses familles sont extrêmement inquiètes, à l'heure où nous écrivons tous les deux, & vous prenez un inutile plaisir à les effrayer encore. C'eſt affreux, monsieur.

Ce sont, je crois, les premières phrases que *signe* M. Lebey. Si c'eſt là tout son bagage littéraire, je crains qu'il n'ait quelque peine à se faire ouvrir les portes de la Société des gens de lettres. Pour ses débuts dans la carrière politique, il n'a pas eu la main heureuse. Accuser les gens du lendemain de faits qui se sont passés la veille, mais c'eſt de la belle & bonne terreur. Fouquier-Tinville n'aurait pas osé pousser le délire jusque-là. Il était réservé à *la Patrie*, cette célèbre conservatrice, 'de dépasser le fameux avocat de 93 en rééditant la loi des suspeĉts.

Si *la Patrie* songe à renouveler dans les prisons les massacres de septembre, qu'elle le proclame ouvertement. Elle aura du moins le mérite de la franchise, & nous ne serions pas beaucoup plus étonnés que nous ne l'avons été en lisant cette note cauteleuse & antipatriotique, qui mêle des Français à un attentat commis par un étranger sur un prince également étranger, & qui, exécuté à Paris, pouvait l'être tout aussi vraisemblablement à Berlin, à Bruxelles ou à Saint-Pétersbourg.

Je m'étais du refte aperçu depuis longtemps déjà que les gens doux sont généralement implacables, & qu'il n'y a pas comme les modérés pour manquer de modération. *La Patrie* repousse la théorie de la complicité morale, ce qui ne l'empêche pas d'en demander l'application. Rien n'eft terrible comme un mouton enragé.

J'aurais voulu clore par quelque anecdote tout à fait parisienne & excessivement amusante cette chronique, qui me paraît écourtée; mais je ne suis pas comme *la Patrie*, je n'ai jamais pu forcer ma nature, & je ne me sens pas aujourd'hui le cœur à la danse. Or, je ne voudrais à aucun prix qu'aux fausses indignations de M. Lebey on pût opposer les fausses gaietés de M. Henri Rochefort.

19 juin.

Depuis quelque temps, n'eſt-ce pas? vous voyez circuler sur les boulevards une belle collection de rubans étrangers. Eh bien! vous en verriez encore davantage si, à ce que racontent les gens mal informés, un prince régnant, dont le nom ne fait rien à l'affaire, n'avait laissé dans le train qui le conduisait à Paris une caisse de décorations dont il avait l'intention de badigeonner un nombre incommensurable de poitrines françaises.

Trompé par les apparences, le chambellan chargé du travail des colis avait confondu celui-là avec un autre de même allure. Jugez de la surprise dont fut saisi tout le personnel de la maison, lorsqu'au moment de la grande diſtribution on se trouva en présence d'une malle pleine de paſtilles de Vichy. Que faire? Fonder immédiatement l'ordre de la *Paſtille de Vichy* & répandre dans la capitale le contenu de la malle, en y ajoutant çà & là quelques brevets, il n'y fallait pas songer. Dans

un pays comme le nôtre, où les inftitutions
les plus respeftables sont foulées aux pieds
par des chroniqueurs sans vergogne, cette
récompense, si nationale qu'elle fût, eût immédiatement sombré dans le ridicule.

Cependant, il n'y avait pas de temps à perdre. Les boutonnières impatientes s'agitaient
en demandant leur proie. On fit adresser au
chemin de fer des réclamations réitérées.
L'adminiftration répondit qu'elle était au désespoir, mais que les décorations étaient à
cette heure en route pour les îles Philippines,
puisqu'elles avaient pris la place des paftilles
de Vichy, lesquelles étaient envoyées par une
maison importante à une peuplade sauvage
qui s'était détruit l'eftomac à force de manger
de la chair humaine.

On dit que le prince régnant, au comble
de l'embarras, finit par couper les rideaux de
sa chambre à coucher, qu'il traveftit en insi-
gnes glorieux, mais ce qui m'inquiète surtout
dans cette aventure, c'eft de savoir quelle
réception les sauvages auront faite à cet envoi
de petits morceaux d'étoffe, panachés ome-

lette & tomate. Ignorants de nos usages diplomatiques, il eſt probable qu'ils les auront
mis à la casserole, & qu'un peu de friture
aidant, ils auront fait un excellent repas aux
beignets de décorations. Les grandes plaques
qui se trouvaient dans le tas auront été considérées comme des coquillages de forme inconnue, & les femmes se les accrocheront
dans le nez les jours de gala.

Tout ce que je souhaite pour l'honneur
des Européens mes confrères, c'eſt qu'il ne
se trouve pas dans cette tribu quelque Visage
Pâle qui leur explique que ces brinborions
qu'ils mâchent sans conviction aucune, représentent pour nous la dernière étape de
l'ambition satisfaite. Si on leur racontait que
ces petites rosettes, qui ne diffèrent des bou-
tons de guêtre que par le manque de solidité,
sont, de ce côté de l'Océan, la source de toutes
les palinodies & de la plupart des trahisons,
ils n'auraient pas assez de culbutes pour exprimer leur étonnement. Ils demanderaient
au Grand Esprit de vouloir bien les éclairer
sur la puissance de ces talismans cocasses,

& quand ils rencontreraient, dans le sentier
de la causerie intime, un des nombreux missionnaires que nous éparpillons sur la surface
du globe, ils le prieraient de vouloir bien
leur dire si c'eſt pour démontrer la valeur de
ces machines-là qu'il a fait quatre mille cinq
cents lieues.

Je ne sais pas ce que dirait le missionnaire
& ce que répliqueraient les sauvages; mais il
eſt probable qu'en fait de marques distinˈti-
ves, ils seraient de l'opinion de cet aˈteur à
qui un empereur disait après une représentation à effet :

— Que penseriez-vous si je vous envoyais
une belle tabatière enrichie de petits diamants?

Et qui lui répondit en s'inclinant avec res-
peˈt :

— J'aimerais mieux un beau diamant en-
richi de petites tabatières. ‹

Le seul qui, en fait de récompenses, soit
conséquent avec le sens commun, c'eſt encore
le vice-roi d'Égypte, qui ne donne pas de tabatières, parce qu'on ne prise plus aujour-

d'hui, mais qui donne des pipes, parce que, à peu d'exceptions près, tout le monde fume. La grosseur du tuyau eſt en raison directe de l'importance du fait accompli. Un petit service vous vaut un simple *brûle-gueule*. Pour peu que vous ayez sauvé la patrie, vous fumez dans un serpent boa.

Rien, d'ailleurs, rien n'est original comme de voir des chrétiens demander une croix à un mahométan. La croix eſt, en effet, dans notre religion, le symbole de la rédemption ; mais chez les musulmans elle a toujours été un objet de mépris, puisqu'à Conſtantinople on nous appelle des *Giaours*, ce qui eſt en langue turque la plus grave insulte qu'on puisse adresser à un homme, bien que personnellement ce titre ne me froisse en quoi que ce soit. Lorsque Philippe Auguſte & Richard Cœur-de-Lion montaient sur leurs palefrois pour aller combattre Saladin, on aurait bien surpris ces trois monarques en leur annonçant qu'un jour les fils du prophète attacheraient sur leur poitrine cette croix qu'ils ont refusé si longtemps de laisser flotter sur Jérusalem, & que, d'un autre côté, les descendants du roi saint Louis, mort en Paleſtine, se bousculeraient dans les chancelleries, afin d'obtenir le Metjidié qu'on leur donne au nom du prophète Mahomet, qu'ils doivent nécessairement considérer comme un impoſteur.

En attendant que nous nous expliquions tous sur ces anomalies, le sultan Abdul-Aziz arrive en France, dit-on, avec un firman qui permettra désormais à tout Français d'acquérir des propriétés sur la terre musulmane. Il paraît que c'eſt là, de la part du Grand Turc, une concession excessivement importante. A vrai dire, quand j'ai annoncé à plusieurs artiſtes de mes amis qu'ils auraient le droit désormais d'acheter des châteaux à Conſtantinople, ils n'ont pas semblé comprendre leur bonheur. L'un d'eux m'a même fait observer que, s'il avait les sommes nécessaires pour s'offrir des propriétés en Turquie, il commencerait par se les faire bâtir en France.

Cette faculté dont nous allons jouir, de posséder des maisons de campagne dans le Bosphore, ne modifiera pas sensiblement les idées des habitants du faubourg Saint-Antoine, qui préféreront toujours comme villégiature Billancourt ou le village Levallois. Le seul côté intéressant de la queſtion, c'eſt de savoir ce que les Turcs entendent par le mot « propriété, » & si, une fois à Conſtantinople, les Français pourront y entretenir chacun leur sérail, ce qui leur avait été jusqu'ici formellement interdit. Naguère encore, lorsqu'un de nos compatriotes rencontrait une femme turque & lui proposait de venir dans un restaurant casser les reins à une douzaine d'écrevisses, il était immédiatement saisi par quatre eunuques qui se faisaient un malin plaisir de lui couper la tête & de l'exposer aux portes de la ville.

Aujourd'hui, en achetant le palais, aura-t-on le droit d'acheter le harem? La chose eſt de première importance. En effet, on commence par gémir sur le sort des malheureuses jeunes filles réduites en esclavage & deſtinées aux plaisirs particuliers d'Osmanlis inconſtants & brutaux; mais en soupesant le pour

& le contre, on en arrive à se demander si la conduite du mahométan qui possède plusieurs esclaves à lui tout seul, n'eſt pas plus digne que celle du Français qui se fait si volontiers le domeſtique d'une fille de concierge, laquelle le trompe avec trois frotteurs. Ah! si les femmes turques entendaient causer entre elles dans les foyers de théâtres nos principales aĉtrices, elles seraient bien vengées.

Le sultan Abdul-Aziz serait donc mille fois aimable de vouloir bien nous expliquer ce qu'il entend par ce mot : propriété. Je ne lui cacherai pas qu'en l'appliquant à la possession du sexe faible, il pourrait rendre un grand service à la France qui se détériore entre les mains des cocottes. Malheureusement, quand il s'agit de mettre à exécution une idée libérale, les princes & les gouvernements me font l'effet d'un homme qui a résolu de se faire arracher une dent. Il se lève au petit jour, plein d'énergie & de volonté; il court chez l'opérateur, avale l'escalier d'un bond, & quand il se trouve tête à tête avec la sonnette, il hésite, se dit à lui-même qu'en résumé cette canine qui le fait souffrir a des chances pour tomber toute seule. Quelquefois, cependant, il va jusqu'à déposer le projet de loi, c'eſt-à-dire jusqu'à tirer la sonnette; mais à peine la bonne lui a-t-elle ouvert, que la peur le prend & qu'il se contente de demander :

— Eſt-ce ici mademoiselle Erneſtine?

Il redescend alors l'escalier lentement, rentre chez lui & remet l'opération à la session prochaine.

—————

24 *juin* 1867.

Quelques minutes avant que le jour ne parût, Dinarzade, qui ne dormait pas, s'adressa à la sultane Scheerazade & lui parla en ces termes :

— Ma chère sœur, si vous profitiez de ce que le Commandeur des croyants, votre époux, a cinglé ce matin vers la France pour me dispenser de ces petits contes que vous contez très-bien, mais qui n'en finissent pas moins par me porter sur les nerfs?

— Et moi, eſt-ce que vous croyez que ça m'amuse? répondit Scheerazade avec conviction; tout ce que je crains, c'eſt qu'une fois à Paris il ne s'aperçoive que je l'ai fait horriblement poser avec mes Lampes merveilleuses & mes Quarante voleurs, & qu'à son retour il n'ordonne au bourreau de me faire ma petite affaire.

— Soyez tranquille, ma chère sœur, ce n'eſt pas à Paris que quarante voleurs paraîtront invraisemblables. J'ai lu qu'on ne pouvait faire un pas sans en rencontrer quatre-vingts.

— Mais, toi qui n'es pas bête, eſt-ce que tu ne voyais pas que je lui racontais toujours la même hiſtoire? Je ne faisais que changer le nom du jeune homme & celui de la fée?

— C'eſt précisément comme à Paris. On y joue toujours le même drame. Quelquefois, afin de dérouter les soupçons, la jeune personne, qui s'appelait Léontine dans la première pièce, se nomme Cornélie dans la seconde. Souvent aussi, l'auteur change le titre de son ouvrage pour qu'on ne le reconnaisse pas, & au lieu d'annoncer *la Maison du baigneur*, il fait écrire sur l'affiche : *le Baigneur de la maison*. Mais ce sont là de bonnes plaisanteries dont personne n'eſt dupe, si ce n'eſt toutefois le public payant, qui s'imagine toujours voir une nouvelle maison & un nouveau baigneur.

— Puisque vous êtes si forte sur la géographie, ma chère Dinarzade, dites-moi donc un peu s'il n'y a pas de danger que le sultan se perde dans cette grande capitale, que vous paraissez si bien connaître ?

— N'ayez aucune crainte : c'eſt une ville de premier ordre comme moralité. Les jeux publics, par exemple, y sont absolument interdits, & un monsieur qui s'inſtallerait au milieu du Champ de Mars avec une roulette & une table de trente-&-quarante, serait immédiatement assommé à coups de râteau. Mais l'étranger peut admirer sur une place qu'on appelle de la Bourse, parce que le porte-monnaie y joue un grand rôle, un monument de ſtyle dorique, où les jeux publics sont ouverts toute l'année, de midi à trois heures. Ce jeu eſt extrêmement simple : on prend une grande corbeille pleine de fausses nouvelles; le *ponteur* choisit la fausse nouvelle sur laquelle il veut mettre son argent, & quand, par hasard, elle sort, il a gagné. Seulement, la maison exige un dessous de chandelier, autrement dit une cagnotte, qui, à la fin de l'année, se monte à une soixantaine de millions. L'unique différence à signaler entre cet établissement-là & les autres, c'eſt que ceux qui y passent leur journée s'appellent non pas joueurs, mais financiers.

— Ce que je crains, ce n'eſt pas qu'il perde son argent, bien qu'en ce moment-ci nous ne roulions pas précisément sur les sequins, mais je sais qu'il a la manie d'aller se promener la nuit avec ce grand jocrisse de Giafar. Il pourrait très-bien rencontrer à Paris quelque Zobéide qui l'attire chez elle à l'insu de son mari & lui fasse ensuite signer des billets à trois mois, avec menace de mort s'il refuse de s'exécuter.

— Que cette idée ne te tourmente pas outre mesure ; à Paris, les intrigues amoureuses sont infiniment plus simples que tu ne crois. Il eft inutile d'envoyer, comme chez nous, une esclave déclarer au jeune homme qu'on l'a remarqué & qu'il veuille bien entrer dans un coffre d'où on le conduira ensuite au lieu du rendez-vous. Les Parisiennes traitent ces queftions elles-mêmes & ne confient à personne le soin de dire à l'homme qu'elles ont choisi : Montons-nous au Helder manger une douzaine ?

— Mais j'avais ouï dire, ma bonne Dinarzade, que de l'autre côté du détroit les hommes n'avaient qu'une femme ?

— Parfaitement : c'eft la femme qui a plusieurs hommes. Ici, quand une sultane favorite manque à ses devoirs, elle apporte à cette opération le secret le plus absolu. Là-bas, une demoiselle eft d'autant plus courue qu'elle a eu un plus grand nombre d'aventures. Si elle a eu la bêtise de refter honnête, modefte & travailleuse, personne n'en veut dans la bonne société & les jeunes gens lui infligent le surnom de *grue*, ce qui eſt en France la plus grave injure que l'on puiſse adresser à une femme. Dites-lui qu'elle a eu quarante amants depuis six mois, elle sourira peut-être; appelez-la « petite grue, » elle vous arrachera les yeux.

— Mais les dames sortent donc dans les rues le visage découvert?

— Elles se découvrent même les épaules.

— Et les hommes à qui elles appartiennent ne sont pas jaloux?

— Quelquefois; mais ils finissent par accepter la situation. Ici, quand nous sommes prises en flagrant délit, comme la première femme du sultan, votre époux, on nous coupe la tête & on nous jette dans le Bosphore, après nous avoir ficelées dans un sac.

En France, quand une femme trompe son mari, elle lui prouve encore que tous les torts sont de son côté, & les trois quarts du temps c'eſt lui qui finit par s'écrier :

— Pardonne-moi, je suis un misérable.

De temps en temps aussi une femme, sans motif appréciable, mêle aux aliments de celui à qui elle a promis obéissance & fidélité, une poudre blanche connue en chimie sous le nom d'arsenic, & qui fait de la jeune épouse une charmante veuve dont la main eſt particulièrement recherchée. Ainsi, dans ces vingt dernières années, une certaine madame Lafarge a été, grâce à ce procédé, l'objet des sympathies générales, & quoique le mari fût un très-brave homme qui l'aimait à l'adoration, tout le monde eſt convenu qu'elle avait eu parfaitement raison d'en finir avec lui. Elle a même profité de cette circonſtance heureuse pour se lancer dans la littérature.

— Mais à votre dire, ma sœur bien-aimée, dans ce pays-là ce sont les femmes qui ont le pouvoir.

— Pas ouvertement, puisqu'on leur refuse l'autorisation de fonder des journaux politiques, mais, en réalité, la France leur appartient, surtout depuis quelque temps, à cause du ramollissement progressif de la race masculine. C'eſt la grande mode parmi les fils de bonne famille que chacun d'eux soit l'esclave d'une femelle quelconque, belle ou laide,

peu importe. Mieux vaut même pour elle
être laide, attendu que ses camarades n'en
sont pas jalouses & la protégent au lieu de la
diffamer. La seule nuance qui exiſte entre la
situation de ces jeunes gens & la nôtre, c'eſt
qu'en résumé nous obéissons à des fils du
Prophète & qu'eux appartiennent corps &
biens, biens surtout, à des anciennes femmes
de chambre.

— Ah! ma sœur, vous m'effrayez! Pourvu
que mon seigneur & maître n'aille pas...

A ce moment, le chef des eunuques entra;
il tenait à la main un message que le calife
adressait de Paris à la sultane favorite, &
voici ce qu'il contenait :

« Ah! si tu savais, ma bonne Scheerazade. . . . . »

29 *juin* 1867.

Ce qui m'a le plus frappé dans les articles
provoqués par la reprise d'*Hernani*, c'eſt ce

cri poussé comme par un seul homme par la presse spéciale :

— Quel malheur que Victor Hugo se soit occupé de politique!

Je ne sais pas si la presse en queſtion s'eſt rendu un compte bien exact de l'injure qu'elle s'adressait à elle-même; mais il eſt impossible de donner plus naïvement sa mesure au public. Il y a dans cette exclamation : Quel malheur que Victor Hugo se soit occupé de politique! une mélancolie entre-coupée de regret & d'admiration, qui veut dire ceci :

— Nous autres, qui sommes incapables de quoi que ce soit, il eſt tout simple que nous nous lancions dans ces machines-là. Mais lui, Victor Hugo, un homme d'un si grand talent, c'eſt inadmissible.

Il faut croire que, pour ces messieurs, un homme s'occupe de politique comme un autre s'occupe de menuiserie. Il se pose un matin cette queſtion :

— Que ferais-je bien? de la politique ou des chaussures à vis?

Il jette alors une pièce suisse au plafond,
&, selon qu'elle retombe face ou pile, il devient cordonnier ou homme d'État.

Ils pourront m'objecter que Louis XVI,
qui fut un monarque peut-être un peu faible,
était un excellent serrurier; mais jamais ils
n'arriveront à me persuader que, parce qu'un
homme a du talent, il doit moins s'occuper
de politique que celui qui n'en a pas. Cette
démonſtration, si jamais elle prenait place
dans les livres de géométrie, tendrait simplement à laisser croire à nos lecteurs que les
journaux timbrés & cautionnés sont les ré-
servoirs de tous les ramollissements. Heureusement il n'en eſt rien. Les uns n'ont aucune valeur, & font de la politique. D'autres
ont un mérite réel, & en font aussi. De ce
qu'Alphonse Karr eſt un bon jardinier, il ne
faudrait pas conclure qu'il a été mauvais
écrivain.

C'eſt, du reſte, une croyance répandue dans
le monde de la passementerie que les hommes
de lettres sont des espèces d'hydrocéphales
incapables de produire autre chose que de la

littérature. Vainement ils essayent d'expliquer aux syndics des passementiers que la littérature ne se compose pas seulement des lettres de l'alphabet, & que, pour écrire *Hernani* ou *le Roi s'amuse*, il faut avoir étudié Charles Quint & François Ier, qui rentrent tous deux dans la politique. Jamais les passementiers ne conviendront que les gens de lettres sont des chrétiens comme les autres. Ce qui eſt curieux, c'eſt de voir aujourd'hui les écrivains politiques eux-mêmes emboîter le pas à la passementerie.

Aucune aberration de l'esprit humain ne peut d'ailleurs nous surprendre à une époque de l'année où des citoyens de Saint-Étienne refusent à leurs compatriotes le droit de choisir leurs livres, quand ils trouvent tout simple qu'ils choisissent leurs députés. M. Sainte-Beuve, qui paraît depuis quelque temps tout à fait réveillé, aurait pu ajouter, à son beau & déjà célèbre discours sur la pétition libricide, cette conclusion mathématique :

Si jamais la fantaisie prend à un des pétitionnaires de se présenter aux électeurs de son département, il devra, sous peine de trahir sa mission ici-bas, leur adresser la proclamation suivante :

« Mes chers amis,

« Je ne me dissimule pas que vous êtes de véritables crétins, puisque je vous ai signalés à l'autorité comme absolument incapables de lire sans danger autre chose que le *Petit-Poucet*. Néanmoins, comme il faut passer par vos mains pour arriver au Corps législatif, je me recommande à vous en vous priant d'agréer l'assurance de mon mépris le plus diftingué. »

Et si par hasard, à la suite de ces paroles engageantes, son nom sortait de l'urne, il serait moralement tenu de donner immédiatement sa démission de député pour cause d'ineptie de ses électeurs.

Mais les pétitionnaires de Saint-Étienne sont plus intelligents que leur pétition ne pourrait le faire supposer. Tant qu'il s'agit des ouvrages de Michelet, ils considèrent les abonnés de la bibliothèque comme trop inintelligents pour qu'on puisse leur en permettre la lecture. Le jour où il serait queſtion de se faire nommer n'importe quoi par n'importe qui, ils trouveraient encore moyen de leur adresser des vérités dans le genre de celles-ci :

« Avant tout, soyons sincères : vous seuls êtes grands, beaux, aimables & spirituels; n'allez pas manquer de me nommer. »

Peut-être eſt-ce de ces diverses combinaisons que se compose ce qu'on eſt convenu d'appeler le « progrès des idées. » Jamais ce mot, si difficile à expliquer, n'a été soumis à un aussi grand nombre d'assaisonnements depuis que nous voyons des Turcs se promener en pantalon noir sur nos boulevards. Les uns s'étonnent & s'écrient :

— Qui aurait dit, il y a seulement vingt-cinq ans, que les Turcs porteraient un jour des pantalons noirs ?

Et les autres répondent :

— C'eſt le progrès des idées.

Je ne m'étais, quant à moi, jamais figuré
le progrès des idées sous la forme d'un pantalon. Mais ce syſtème, qui consiſte à appliquer un grand mot à des objets de menue
toilette, offre plusieurs résultats. Quand vous
soutenez qu'il y a encore bien des choses à
faire pour arriver à un état de perfečtion,
même essentiellement relative :

— Comment! vous réplique-t-on, les Turcs
portent des pantalons noirs, & vous niez le
progrès! Faut-il que vous soyez de mauvaise foi!

Entre nous, si c'eſt là le progrès que les
Turcs ont accompli depuis la mort du Prophète, ils auraient infiniment mieux fait de
le retarder encore & de continuer à porter
des culottes bouffantes qui, sous les zones
torrides qu'ils habitent, auraient eu l'avantage de jeter un peu de fraîcheur dans leur
exiſtence. Mais franchement, s'entourer les
jambes de drap noir par quarante-deux degrés au-dessus de zéro, pour le bon plaisir
de marcher de pair avec les Européens, c'eſt
placer l'esprit d'imitation dans de singuliers

3.

endroits. Si les peuples de l'Europe ont en effet un génie particulier, je ne pense pas qu'il réside dans le bas de leurs jambes.

Ce prétendu progrès des idées qui continue à laisser la femme esclave tout en émancipant le pantalon, produit des effets d'autant plus singuliers, que les dames turques ne pouvant avoir la moindre conversation avec un tailleur français, sous peine d'être plongées incontinent dans le Bosphore, persiſtent à se coſtumer en bayadères, comme au temps d'Aroun-al-Raschid, de sorte que si un musulman venait, lui & son pantalon noir, faire un petit tour avec une d'elles sur l'asphalte des Champs-Élysées, il aurait l'air de sortir du bal de l'Opéra, en compagnie d'une femme qu'il y aurait rencontrée sous l'horloge, & qu'il mènerait déjeuner chez Ledoyen.

Il eſt à remarquer qu'en fait de réformes, celle du coſtume l'emporte presque toujours sur les autres. Un gouvernement se dit :

— Nous sommes très-arriérés, c'eſt inconteſtable. Que faut-il donner à nos populations, une conſtitution ou un paletot?

Et il eſt bien rare qu'on ne se décide pas pour le paletot.

———

3 *juillet* 1867.

La population parisienne se divise aﬅuellement en deux classes bien diﬅinﬆes : ceux qui ont vu le sultan & ceux qui ne l'ont pas vu. Un homme qui aurait autant de mille livres de rente qu'il s'eﬅ tenu hier de dialogues dans ce goût :

— Avez-vous vu le sultan ?

— Non, & vous ?

— Moi, je l'ai vu.

Ou encore :

— Avez-vous vu le sultan ?

— Oui, & vous ?

— Moi, je l'ai vu sans le voir.

Cet homme-là, dis-je, posséderait une fortune qui lui permettrait de conclure avec l'Italie la fameuse affaire de la conversion des biens du clergé. Il faut bien reconnaître que, parmi tant d'auguftes visiteurs, les uns font de l'argent & d'autres non moins visiteurs & non moins auguftes ne font pas un sou. La tête couronnée qui fait de l'argent se manifefte par un redoublement de difficultés à trouver des voitures & par un nouvel encombrement des cafés du boulevard. Les cochers, qui étaient rentrés peu à peu dans leurs lits, recommencent à se répandre en injures. Si l'un d'eux, interpellé à seule fin de savoir s'il eft libre, répond d'une voix, à la rigueur, humaine :

— Montez, bourgeois.

C'eft que le visiteur du moment eft au-dessous du cours. Si, au contraire, le directeur-gérant d'un fiacre à l'heure accueille les sollicitations d'un piéton en vomissant contre ce téméraire un torrent d'infamies, c'eft que le monarque en tournée attire la foule. Un limonadier dressait hier devant moi l'échelle des succès obtenus depuis l'ouverture de l'Exposition :

— A l'empereur de Russie, disait-il, nous servions douze cents bocks par jour. Le prince de Galles eſt un jeune homme qui arrivera. Il a fait chez nous jusqu'à trois cents bocks. Là où j'ai vu que, malgré tout, le prince de Suède n'était pas aussi populaire en France qu'on pourrait le croire, c'eſt qu'il n'a jamais passé cinquante bocks, douze limonades & quatorze sodas.

Notez que la curiosité éveillée par la présence des princes qui nous visitent ne s'applique en rien à la façon dont ils gouvernent leurs sujets. L'un rendra ses peuples très-heureux & n'attirera pas quatre provinciaux à Paris; l'autre les traitera de haut en bas & verra la foule se presser autour de son char.

A la façon dont j'ai été reçu aujourd'hui quand j'ai tenté l'abordage d'une voiture de place, je crois que le sultan fera de l'argent. En tout cas, il peut s'assurer lui-même du degré d'importance qu'il a acquise parmi nous : qu'il aille, à l'inſtar de son ancêtre Aroun-al-Raschid, se promener le soir dans les rues, &, s'il surprend un cocher en train de casser le manche de son fouet sur le crâne de son voyageur, il aura le droit d'être fier :

ce sera le signe qu'il a entraîné la moitié de la France sur ses pas.

Du reſte, le commandeur des croyants peut être sûr d'avoir toujours pour lui les femmes, qui, en dehors des diamants de son aigrette, sympathisent volontiers avec un homme qui tient toujours cinq cents jolies demoiselles à sa disposition. Les plus vertueuses comme les moins eſtimables, celles qui baissent volontiers les yeux & celles qui baissent volontiers les ſtores, conservent toujours entre chair & corset l'espérance vague de faire la cinq cent & unième, &, pour peu qu'au théâtre Abdul-Aziz tourne de leur côté des yeux distraits, elles se verront se promenant en robe de gaze transparente dans les jardins du Harem.

Si les femmes n'avaient pas dans le cerveau des gibbosités ridicules, elles comprendraient au contraire que plus un homme a de maîtresses, moins il a besoin d'en chercher, & qu'il eſt archi-probable que leurs œillades seront considérées comme nulles & non avenues.

Nous avons d'ailleurs une tendance naturelle à poétiser l'Orient. Ainsi plusieurs journaux ont raconté, & un certain nombre de Français croient encore que le sultan, pour éluder la loi qui lui interdisait de sortir de son territoire, a mis de la terre turque dans ses bottes de voyage. Informations prises, ce bruit n'a aucun fondement. Qui diable irait s'imaginer le souverain d'un grand empire recommandant tous les matins sa terre au domeftique qui lui cire ses babouches, & regardant à tout inftant si quelque individu mal pensant ne lui a pas changé sa terre de Conftantinople contre du simple terreau des environs de Saint-Ouen.

Quelque mal informée que puisse être l'*Agence Havas*, jamais elle n'oserait publier cette dépêche.

1er juillet (an 1282 de l'hégire).

« Le sultan, craignant de manquer de terre, en a fait demander un sac par le prochain paquebot. »

Et si la terre faisait naufrage, il serait donc obligé de passer tout le temps de son séjour ici sans poser ses pieds sur le plancher, à moins qu'on ne fît carreler sa chambre avec du blé de Turquie.

Aussi eſt-ce vainement que le jour de la diſtribution des récompenses, les gens mal informés suivaient le sultan avec des tabatières afin de ramasser sur ses pas quelques pincées du territoire des Osmanlis. Je raconte ce fait, d'après les récits des voyageurs, attendu que je n'assiſtais pas à cette cérémonie internationale. Il fallait trop de cravates blanches pour y être admis. Du reſte, on aurait exigé des cravates bleues ou solférino que je me serais également abſtenu. J'ai donc su simplement, par ouï-dire, que le fameux hymne de Rossini qu'on annonçait comme devant couler à tout jamais *la Marseillaise*, n'avait eu qu'un succès d'eſtime & de canonnade. Il eſt assez douloureux de conſtater que la plupart des hymnes patriotiques en sont là. C'eſt du fond des prisons, ou au milieu des dangers & des tremblements nerveux, que sont nées celles qui vivent encore. Dès qu'elles sont composées avec la permission

de M. le Maire, elles ratent comme des feux
d'artifice mouillés. Avant le bouquet de Rossini, nous avions déjà eu, sous forme de cantates, quelques fusées volantes, dont la poésie
n'excédait pas la hauteur d'un mirliton ordinaire, & qui, pour la musique, semblaient
inspirées par l'aveugle du pont de Neuilly.

C'eſt à se demander si les chefs-d'œuvre de
ce genre ne sont pas deſtinés à éclore à la
chaleur des persécutions. Si on avait enfermé
Rossini à double tour en lui signifiant,
comme l'a fait le direƈteur pour qui il a com-
posé *Othello*, qu'il n'aurait pas à dîner avant
d'avoir achevé son travail, peut-être le *Cygne
de Pesaro* nous eût-il laissé une merveille.
On lui a dit au contraire :

— Le Palais de Criſtal est à vous. Ne vous
gênez en quoi que ce soit. Nous mettons à
votre disposition tout le musée d'artillerie.
Vous aurez des coups de canon tant que vous
en voudrez, vous aurez même des coups de
sabre, pour peu que vous en exprimiez le
désir.

Et toutes ces chances de succès ont abouti à

une défaite. Nous pouvons continuer à nous faire faire des vêtements sur commande, mais il faut décidément renoncer à obtenir des hymnes par ce procédé. C'était d'ailleurs une façon par trop originale de rendre hommage à la paix que de mêler des éclats d'obus à la fête qui la célèbre. Étant donnée la situation actuelle de l'Europe, ces couleuvrines prenant la parole dans une symphonie toute pacifique me paraissent de l'ironie pure. Rossini, qui, dit-on, a un fond de gaminerie dont il n'a jamais pu se débarrasser, a probablement voulu faire comprendre par ces décharges entrecoupées, que la paix dont nous jouissons était extrêmement précaire & qu'elle n'excluait pas le bombardement.

5 *juillet* 1867.

Je crois être de bon goût en décommandant aujourd'hui ma chronique du *Figaro* comme on a décommandé hier la revue du bois de

Boulogne. Les susceptibilités adminiſtratives nous réduisent, les trois quarts du temps, à épiloguer sur les jambes de ces dames & sur les petits chapeaux de ces messieurs. Or, rien ne glace comme une plaisanterie tombant au milieu d'un repas de funérailles.

Quoique notre principe soit celui du héros de Beaumarchais, qui se hâtait de rire de tout, les événements vont souvent plus vite que nous & nous forcent parfois à pleurer. Et bien qu'à notre avis ce ne soit jamais un malheur pour un homme de mourir bravement, en défendant une cause même discutable, nous déplorons la fin tragique de l'ex-empereur du Mexique, comme nous déplorerons toujours les jugements sanglants qui aboutissent à la peine capitale, la plus odieuse & la plus inutile de toutes, que celui dont elle fait sa victime s'appelle l'archiduc Maximilien, le duc d'Enghien ou le maréchal Ney.

Il eſt hors de doute que toute la responsabilité de cette exécution va retomber sur

Juarez. En comparant la mauvaise fortune du vaincu de Mexico avec la vie heureuse qu'il pouvait mener à Miramar, on oubliera qu'à toutes les époques les gouvernements se sont fusillés entre eux dans la personne de leurs représentants. Maximilien a été mis à mort par le parti libéral, absolument comme Murat, débarquant au Pizzo, pour reprendre un trône qui lui avait appartenu, a été exécuté par le roi de Naples qui n'était cependant pas suspect de libéralisme.

Je crains bien qu'en politique les opinions les plus disparates ne soient en parfait accord sur cette unique pensée : il n'y a que les morts qui ne reviennent pas. On commence par supprimer son ennemi, sans songer qu'on en fait un martyr & peut-être un héros. Supposez le maréchal Ney épargné par Louis XVIII, & laissé paisiblement dans ses terres après la capitulation de Paris : croyez-vous qu'en le voyant traîner triftement son épée & son exiftence, toutes deux brisées par ses dernières fautes, les Bourbons n'eussent pas été vengés de sa défection, mille fois plus sûrement qu'en lui envoyant dans le corps les douze balles qui l'ont rendu sacro-saint ?

Maximilien lui-même, revenant en Europe, gracié par la république mexicaine, y eût fait petite figure. Sa mort, aujourd'hui, va nécessairement le grandir, en terminant son aventure de la façon la plus digne, & peut-être, après tout, la plus heureuse pour lui. Il n'y a pas, il me semble, de plus douce satisfaction pour un vainqueur que de forcer celui qu'il a vaincu à assister à son triomphe. A tous les points de vue donc, en n'obligeant pas son prisonnier à vivre, le gouvernement mexicain a commis une faute réelle, qu'on lui reprochera, d'ailleurs, assez durement. Malheureusement, ceux qui traitent déjà les Mexicains de sauvages & de tigres à face humaine, sont précisément ceux qui demandaient à grands cris la mort pour Garibaldi, quand il eft parti sur son navire à la délivrance des Deux-Siciles; car, il faut bien le dire, c'eft surtout dans la violence que les sauvages se recontrent avec les peuples civilisés.

Próbablement en proie à des réflexions pareilles aux miennes, le lecteur comprendra, j'en suis sûr, que, sous l'émotion provoquée par le drame qui vient de se passer, je m'abstienne de lui jouer mon vaudeville ordinaire à la première page du *Figaro*. Nous n'avons pas l'intention de prendre le deuil pendant vingt & un jours, mais nous voulons bien cesser de rire pendant quelques heures.

————

7 juillet 1867.

Toutes les corporations ont un syndicat chargé de la défense commune. Quand un vaudevilliſte eſt lésé dans ses intérêts, il a immédiatement recours à la Société des auteurs, qui prend sa cause en main & lutte pour lui comme elle lutterait pour elle. Les avocats ont leur conseil de l'ordre, qui les punit quelquefois, mais qui les protége souvent, comme on a pu le voir il y a six semaines. Les médaillés de Sainte-Hélène eux-mêmes ont leur banquet. Seul, le corps des journaliftes, qui a tous les genres d'esprit, manque au plus haut point de l'esprit de solidarité. Je l'ai douloureusement conftaté l'autre jour en lisant, dans une feuille à attaches gouvernementales, des éloges écrasants à l'adresse de M. Rouher, lequel avait fait je ne sais quelle réponse victorieuse à un député qui avait poussé l'indiscrétion jusqu'à demander quand on se déciderait à mettre sur le tapis de la discussion cette fameuse loi sur la presse, qui semble se sauver quand on l'appelle.

Je comprends jusqu'à un certain point que Guftave ne soit pas du même avis qu'Erneft à propos de l'expédition du Mexique qui vient d'avoir un si joli dénoûment après avoir coûté à peine sept cent millions à la France, mais qu'un journal félicite un miniftre de ce qu'il continue à demander la mort des journaux, voilà qui, en dehors de toute opinion politique, passe les bornes de la condescendance. Un monsieur qui dirait à un autre :

— Je sais que vous avez acheté à mon intention un paquet d'arsenic, venez donc dîner chez moi ce soir.

Ne serait pas plus inconséquent. M. Rouher eſt l'ennemi avoué de la presse & de ceux qui en font partie. Si, au lieu de six centimes, il pouvait demander quinze francs de timbre par chaque numéro de toute feuille politique qui a l'impudence de paraître, il serait heureux au possible, j'en suis convaincu, de nous offrir cette gratification quotidienne. Franchement, il faudrait que nous eussions dans l'âme une mansuétude extravagante pour offrir l'expression de notre tendresse à un homme qui déclare ne pas pouvoir nous souffrir. M. Rouher n'aime pas la presse. Nous aurions réussi au delà de nos espérances si nous arrivions à lui faire comprendre à mots couverts que la presse le lui rend bien.

Qu'on me pardonne d'initier le public à ma vie privée. J'avais une cuisinière qui était arrivée à ne me faire manger à mon dîner que ce qu'elle voulait. Quand je lui disais :

— Je voudrais bien, comme légumes, avoir ce soir des artichauts à la barigoule.

— Laissez-moi donc, me répondait-elle, vous servir des haricots verts, vous qui les aimez tant!

Elle me servait en effet des haricots verts, & j'avais fini par être persuadé que je les adorais, quoiqu'en réalité je les aie en horreur. Je ne me permettrai jamais d'établir la moindre comparaison entre M. Rouher, qui n'eſt pas responsable, & ma cuisinière qui l'était, puisque je lui ai donné ses huit jours le mois dernier; mais il n'y a pas ici à enfiler des phrases: oui ou non, le 19 janvier, une lettre officielle promettant la liberté de la presse a-t-elle paru au *Moniteur?* Or, M. Rouhèr, en qualité de miniſtre d'État, était chargé de formuler le décret. Pourquoi n'en a-t-il encore rien fait? Eſt-ce la rédaction qui l'embarrasse? Nous nous offrons tous à lui épargner ce travail. Eſt-ce la discussion qui l'inquiète? Jamais on ne supposera qu'un homme doué d'un tel bagout puisse s'effrayer d'une aussi mince besogne. Car, disons-le bien haut, il eſt une

4

supériorité que personne ne conteſtera à M. Rouher, c'eſt son éloquence.

J'ai eu personnellement, je ne l'oublierai jamais, le bonheur d'en goûter les charmes. C'était en 1848, pendant les vacances de ma seconde à ma rhétorique. Grâce à ma tunique de collégien, qui m'avait probablement fait prendre pour un garde mobile, j'avais pu pénétrer dans une des tribunes de la chambre des Représentants, & je tombai juſte au moment d'un discours que prononçait M. Rouher, & qui devait être bien remarquable, car je le pris l'année d'ensuite pour modèle de la plupart de mes dissertations françaises, & j'en ai retenu mot pour mot cet alinéa que je cite, ſans en modifier une syllabe :

« Le pouvoir exécutif doit être fort, parce qu'il eſt élečtif, parce qu'il prend sa source dans la souveraineté du peuple; il doit être fort, parce qu'il eſt temporaire; parce que, dans votre sage prévision, vous avez établi une solution de continuité dans les personnes pour tuer les ambitions personnelles. »

On ne peut d'ailleurs douter de la valeur

oratoire du miniftre d'État, si l'on songe qu'il eft arrivé, à force d'éloquence, à faire accroire au peuple français que les obligations mexicaines conftituaient un très-bon placement. Peut-être abuse-t-il un peu des effets de tribune en ce sens que, si un député lui pose une queftion embarrassante, il s'en tire généralement en rappelant que les journées de juin ont ensanglanté Paris.

Voilà son procédé. Tout le monde a le sien. Si ces fatales journées, que nous déplorons tous, n'avaient pas eu lieu, M. Rouher perdrait une bonne partie de ses arguments. Il n'en demeurera pas moins une des illuftrations parlementaires les plus rares. Comment donc se fait-il qu'avec toutes les grandes qualités qu'il a déployées depuis six ans il ne soit pas plus populaire? Ah! c'eft là le grand problème! Un homme sera débraillé, paresseux, insouciant de sa réputation & de son avenir, & il plaira au peuple. Un autre se tuera de travail, mettra au jour des facultés hors ligne, tiendra tête, à lui tout seul, à toutes les oppositions comme à toutes les

difficultés, & il reftera éternellement antisym-
pathique. Pourquoi? Tout le monde l'ignore.
Ces choses-là ne se discutent pas, elles se
conftatent.

10 *juillet* 1867.

Ecoutez, celle-là eft par trop comique. Il
eft bien inutile que la Conftitution déclare les
sénateurs inviolables s'ils se croient le droit
de se traiter entre eux par la violence. L'honorable M. Lacaze a signifié à M. Sainte-
Beuve, par la bouche de deux témoins, qu'il
lui serait très-agréable de verser son sang.
M. Sainte-Beuve, dans une lettre charmante,
a répondu à son honorable collègue que cette
prétention lui semblait abusive, & comme
M. Lacaze, dans un duel à la plume, ne serait
évidemment pas de force avec son adversaire,
il a jugé profitable à sa cause de se renfermer
dans le silence de son collet brodé.

A parler avec une entière franchise, je n'ai

jamais eu une inquiétude bien sérieuse pour la vie des deux combattants, & tout porte à croire que le public a partagé cette sécurité. On admettra difficilement une lutte acharnée entre deux sénateurs qui, l'un portant l'autre, représentent une jolie pièce de cent trente ans. On eût été probablement obligé de placer chacun d'eux dans un des petits fauteuils roulants qui se louent deux francs l'heure à l'Exposition. C'eût été le duel assis. Chaque fois qu'un des deux gladiateurs aurait cru nécessaire de rompre, il aurait fait signe à son conducteur qui aurait tourné bride, & moyennant deux tours de roue aurait mis son bourgeois à l'abri d'une atteinte mortelle.

A l'âge où MM. Lacaze & Sainte-Beuve ont eu le bonheur d'arriver, on n'a plus tellement de sang dans la veine cave qu'on puisse se permettre d'en répandre. A leur place, au contraire, je tâcherais d'en mettre à la caisse d'épargne. Mais là où je tombe des nues, là même où je voudrais me faire bâtir au-dessus des nues tout un étage, afin de choir de plus haut, c'est de voir que M. Lacaze, qui, en sa qualité de membre du Sénat, eſt plus que personne obligé de connaître & de respecter la loi, se croie ainsi la faculté de jongler avec le droit commun. Un certain nombre d'entre nous ont déjà eu l'honneur de paraître devant leurs juges naturels pour en avoir appelé au jugement de Dieu, qui eſt certainement le plus naturel de tous les magiſtrats. Nous avons encore dans les oreilles les paroles des avocats impériaux, qui demandent tous avec un redoublement d'énergie qu'on mette fin à ces orgies sanguinaires, à ces débauches de chair humaine.

On le sait, en outre : ceux qui, à ce jeu-là, n'ont pas gagné quelque emprisonnement, ont attrapé de bonnes amendes qui ont laissé dans leur budget des creux considérables.

La situation me paraît aujourd'hui changée du tout au tout. Il eſt évident que le duel eſt un acte autorisé, puisqu'un sénateur chargé de promulguer les lois juge à propos d'employer à l'égard de M. Sainte-Beuve ce mode d'extermination. Un citoyen accusé de coups & blessures sera maintenant bien fort, puisqu'il pourra répondre tranquillement aux queftions de M. le président :

— Mon Dieu! je n'avais aucun motif de haine contre mon adversaire, mais très-ambitieux de ma nature, j'ai pensé que cette façon d'agir me ferait peut-être nommer un jour sénateur.

Si M. Lacaze, qui doit s'y connaître, puisqu'il promulgue les lois, se permet d'envoyer des témoins à M. Sainte-Beuve, c'eft donc qu'il ne considère pas le duel comme un délit. En ce cas, que cet impétueux sénateur nous rende les sommes que nous avons versées au bureau des amendes. Obéissez à la loi ou rendez-nous notre argent. Si demain, à pareille heure, je n'ai pas reçu mon compte, frais d'enregiftrement & d'assignation compris, savez-vous ce que je dirai? Je dirai que l'auréole sénatoriale ne comprime pas les tempéraments, & que, si les hommes ne sont pas toujours égaux devant la loi, ils le sont forcément devant les passions humaines. Que l'exemple de M. Lacaze ne tombe pas inaperçu dans le sein des juges appelés à condamner les journaliftes, & chaque fois qu'il s'agira d'appliquer à un de nos confrères une peine afflictive pour un des nombreux délits inventés spécialement à notre usage, que le tribunal se demande :

— Un sénateur, dans une circonftance analogue, se conduirait-il autrement?

D'ailleurs, si ce régime (du sabre) que M. Lacaze veut inaugurer tendait à s'enraciner parmi les représentants de la nation, on se verrait obligé de transporter les séances du Sénat dans la forêt de Saint-Germain. Là tribune serait transformée en champ clos, & les orateurs discuteraient avec des masques de salle d'armes & boiraient leur eau sucrée dans des crânes humains, ce qui nous ramènerait aux plus mauvais jours de la dynaftie mérovingienne.

J'aime à croire que jamais M. Lacaze ne se fût livré à ses manifeftations belliqueuses, s'il avait étudié plus attentivement le fameux mandement de l'évêque de Nantes, lequel nous défend de donner satisfaction à nos appétits matériels, au point de nous interdire

non-seulement le duel, mais même une visite
à l'Exposition universelle. Que les appétits
matériels aient mis, depuis longtemps déjà,
le grappin sur la société française, personne ne
songe à le nier, & bien des gens sérieux s'en
désolent. Tant que l'évêque de Nantes inter-
dira aux fidèles de sa circonscription le baccarat à deux tableaux & les spéculations sur
le sirop de macadam ou les mines de pommes
de terre frites, nous entrerons parfaitement
dans ses vues. Qu'il leur refuse même l'autorisation d'aller rire à *la Grande-Duchesse de
Gerolſtein*, je l'admets encore. On voit, en
effet, dans ce fantaſtique tableau de mœurs,
une princesse régnante tomber amoureuse
folle d'un simple tourlourou, & ce sont de ces
speſtacles qui tendent à affaiblir le principe
d'autorité déjà valétudinaire.

Mais empêcher de vertueux Nantais d'aller
visiter les produits médaillés de l'induſtrie
nationale, c'eſt pousser un peu loin le mépris
des jouissances physiques; remarquez que, si
je suis un vil matérialiſte, par ce seul fait que
je suis allé regarder fonſtionner la machine à

fabriquer des chapeaux de feutre, j'aggrave
mon crime le jour où je vais m'acheter un
pantalon. En effet, exposer des étoffes n'eſt
un acte corrupteur qu'à la condition que les
pantalons seront des objets de luxe. Nous
allons les examiner uniquement parce que
nous les portons. Si vous trouvez mauvais
que nous donnions cette satisfaction à nos
appétits matériels, nous irons à l'air libre
dans le coſtume tout nu des Caraïbes de la
Nouvelle-Calédonie.

Mais si les sauvages qui se promènent vêtus
de l'air du temps, ont raison de ne pas établir
d'expositions universelles ni même locales,
pourquoi leur envoyez-vous des missionnaires
pour les convaincre de la nécessité de s'habiller?

Les journaux racontaient dernièrement
qu'un homme âgé avait été renversé, en tra-
versant le boulevard, par un omnibus qui
lui avait passé sur le corps, & comme les
omnibus sont généralement complets en ce
moment d'invasion, le malheureux vieillard
n'avait pas tardé à expirer. « La victime,

ajoutaient les feuilles, était couverte d’un paletot brun doublé de soie noire. »

En se basant sur les principes développés par le mandement, ce pauvre homme aura eu un compte sévère à rendre à Dieu pour s’être permis de mourir au moment où il était couvert d’un paletot, &, chose plus grave, d’un paletot doublé de soie. Pour peu qu’on ait trouvé dans sa poche une carte d’abonné de l’Exposition, voilà donc un père de famille voué irrévocablement au feu éternel. Franchement, dans un siècle où les sénateurs demandent à laver dans le sang leurs discussions politiques, il eſt bien difficile de nous faire accepter des exagérations de cette nature, d’autant plus qu’une fois sur cette pente, on arrive facilement à la folie. Je n’en veux pour exemple que l’auteur de la *Vie de saint Louis de Gonzague*, qui racontait que, dès le premier âge, l’enfant était si chaſte qu’il refusait de téter sa nourrice. Je savais que Franklin eſt l’inventeur du paratonnerre, mais j’ignorais que saint Louis de Gonzague fût l’inventeur du biberon. Je croyais que c’était Darbo.

On a dit que l'intolérance menait à la guerre civile, vous voyez qu'elle mène également à Charenton.

———

20 juillet 1867.

A Amiens, d'où j'arrive, & dans beaucoup d'autres chefs-lieux d'où je n'arrive pas, la lettre du préfet de police au chef de la police municipale a semé une grande inquiétude, quoique l'époque des semailles soit passée depuis longtemps.

« Les journaux, dit en subſtance le préfet de police. racontent les nombreuses agressions qui se produisent en ce moment à Paris; tâchez donc de faire votre possible pour que ces scènes regrettables ne se renouvellent pas. »

Cette lettre, si remarquable par son excessive discrétion, ne rassure peut-être pas énormément les Parisiens, mais, à coup sûr, elle va jeter la terreur parmi les provinciaux. Les âmes départementales, que les chemins de fer n'ont pas encore apprivoisées, se racontaient déjà, à la veillée du soir, que Paris, mot latin qui veut dire Babylone, était une ville où les femmes les plus honnêtes se promenaient sans aucun vêtement, & où les hommes attendaient à toutes les gares l'arrivée des étrangers, afin de les entraîner dans les tripots, où ceux-ci perdaient leur fortune en moins de cinq minutes. Que vont-ils penser de la sûreté de nos boulevards & de nos habitations en voyant que le préfet de police eſt obligé d'écrire à ce sujet à son chef de service, qu'il voit cependant tous les jours?

L'opinion publique a, en effet, horreur des agressions, soit dans la rue, soit dans les bureaux des journaux; mais, vraiment, la lettre du préfet de police mijote dans un vague tel qu'il eſt impossible, à moins d'être doué d'une intelligence hors ligne, de deviner ce dont il s'agit. Il y a des agresseurs, c'eſt évident : mais à quelle classe de la société appartiennent-ils? Voilà la queſtion. Sont-ce des ferblantiers, des ébéniſtes, des écrivains ou des fonctionnaires? de qui dois-je me défier en rentrant le soir chez moi? du passant qui porte une blouse ou de celui qui porte des décorations?

Cette façon de faire de la police par correspondance peut rentrer dans les idées de madame de Sévigné, mais elle me semble insuffisante au point de vue de la protection des citoyens. Si les journaux annonçaient demain qu'un homme a été trouvé dans les filets de Saint-Cloud, coupé en cinquante parties égales, & que le magistrat chargé de la sûreté de la ville écrivît simplement à un de ses subordonnés :

« Les journaux parlent de la découverte d'un mouchoir contenant les jambes & le tronc d'un homme de vingt-cinq ans : faites donc en sorte que ces choses-là ne se représentent plus. »

Le public serait justement étonné de cette quiétude. Jusqu'ici, quand les individus étaient victimes d'agressions, on arrêtait les agresseurs, qui étaient incontinent déférés aux tribunaux. Ainsi, dernièrement, j'ai vu conduire au poste un épicier qui venait de casser un pain de sucre de douze livres sur la tête d'un de ses clients qui marchandait trop longtemps son huile à brûler. Le lendemain, j'ai eu beau parcourir les principaux organes de la presse, je n'y ai aperçu aucune lettre relative à l'épicier. D'où vient que les agressions d'aujourd'hui sont réprimées par des lettres, quand celles d'hier l'étaient par des sergents de ville? Je crois que, dans les circonftances auxquelles le préfet de police fait allusion, il eût été plus simple d'agir sans écrire, ou de se priver d'écrire si l'on n'agissait pas.

J'ai connu quelques chèvres & j'ai fréquenté un certain nombre de choux; eh bien, chaque fois que j'ai voulu ménager les uns & les autres, je m'en suis mal trouvé. Ou ces agressions sont punissables, & alors pourquoi reftent-elles impunies? ou elles sont innocentes, & alors pourquoi annonce-t-on qu'au cas où elles se renouvelleraient, il faudrait s'occuper de les punir?

Cette façon de tout concilier rappelle la réponse de l'honorable amiral Rigault de Genouilly qui, à propos de la discussion sur la colonie pénitentiaire de Cayenne, a avoué que le climat de la Guyane française était des plus peftilentiels, & que les condamnés, en 1866 notamment, y étaient morts commé des mouches; mais qu'il demandait qu'on laissât le gouvernement continuer « ses expériences. » Si elles persiftaient à être aussi peu favorables, on s'occuperait de chercher ailleurs, pour les transportés, des logements moins insalubres.

Voyez-vous ce condamné en proie à une fièvre peftilentielle & à qui l'on tient ce langagé :

— Mon ami, vous êtes ici comme expérience; si vous mourez, c'eft que le climat de Cayenne eft décidément malsain; nous choisirons alors pour ceux qui vont venir un endroit délicieux où ils pourront vivre, se marier & avoir beaucoup d'enfants.

Le forçat, qui d'ordinaire ne brille pas par une excessive délicatesse de sentiment, se hâtera de répliquer :

— La santé de mes successeurs m'inquiète

d'autant moins que la mienne m'intéresse davantage. Laissez-les ici si vous voulez, mais, au nom du ciel, envoyez-moi autre part.

Il n'y a que la civilisation moderne pour discuter ces subtilités. Un coupable eſt condamné à cinq ans de galères. On l'envoie faire son temps à Cayenne. Il y meurt. La civilisation se contente de lui dire :

— Tant pis pour vous, mon garçon, il fallait vous arranger pour vivre.

Quelquefois même la civilisation ajoute :

— De quoi vous plaignez-vous? Vous étiez condamné à cinq ans, & vous n'avez fait que trois mois.

Il eſt inutile d'exercer la profession ruineuse de philanthrope pour être de cet avis qu'un homme, si criminel qu'il ſoit, eſt, pendant qu'il subit sa peine, aussi sacré que le plus honnête des citoyens. Rien au monde comme l'injuſtice n'a le don de révolter la conscience humaine. Il n'y a pas pour faire entrer le repentir dans les âmes perverties de plus déteſtable moyen que de condamner un individu à dix ans de travaux forcés, & d'ajouter tranquillement la mort dans les frais du procès.

Or la vérité eſt qu'à Cayenne la moyenne des décès, dans les trois premières années seulement, était en 1855 d'environ huit transportés sur dix. J'ignore si elle a diminué depuis, mais à l'époque où, employé à l'Hôtel de Ville, j'étonnais cette adminiſtration par ma fainéantise, j'ai relevé comme exaɕt le chiffre ci-dessus. Il eſt probable que la mortalité ne s'eſt pas sensiblement amoindrie depuis, car il y a peu de temps un homme spécial me racontait qu'à Toulon ceux des forçats qu'on désignait pour partir étaient pris d'une terreur indescriptible, qu'ils pouſſaient des cris de désespoir, & disaient à leurs compagnons un adieu qu'ils croient tous devoir être éternel, car, dans leur langue réaliſte, ils appellent Cayenne *la guillotine sèche*.

Je sais que la société, qui tremble pour ses pièces blanches, répond invariablement que des gens qui ont embrassé volontairement la profession de crocheteur de serrures, n'ont droit à aucune pitié. S'ils n'ont droit à aucune pitié qu'on les condamne à mort; mais tant qu'on ne les condamnera pas à mort, personne au monde n'a le droit de changer leurs galères à temps contre un terrain à perpétuité. Il a été queſtion dans ces derniers temps, de l'innocence possible de l'hercule Audouy, condamné dans l'affaire Jacques Latour. Mais Audouy, bien entendu, eſt mort à Cayenne, & le principal élément d'une réhabilitation manque aujourd'hui.

Berezowski doit à la magnifique plaidoirie de M. Emmanuel Arago d'avoir eu la vie sauve; mais si vous l'envoyez à Cayenne, à quoi auront servi l'intérêt qu'il a inspiré au jury & l'éloquence de son avocat:

22 *juillet* 1867.

On a causé un peu des théâtres subventionnés, au Corps législatif. Plusieurs députés ont paru insifter pour le maintien des sub-ventions, sous le prétexte que, Corneille & Racine n'attirant plus guère dans les salles que des souris qui viennent faire la partie sous les banquettes, les directeurs laisseraient les chefs-d'œuvre de ces grands hommes se rouiller au magasin des accessoires, s'il n'y avait pas une somme annuelle deftinée à combler les vides que les représentations de *Britannicus* creusent dans l'orcheftre.

Du moment que *Britannicus* a pour effet d'éloigner le public, je ne vois pas, pour ma part, où eft la nécessité de dépenser des sommes importantes pour faire réciter des vers devant des petits bancs. Encore si les petits bancs y prenaient un plaisir quelconque ! Mais comme ils n'ont jamais donné la moindre marque d'approbation ou d'impro-bation, c'eft inutilement jeter son argent dans le trou du souffleur.

— Mais, viendra-t-on me dire, faut-il donc alors retirer du répertoire français ces ouvrages qui perpétuent la tradition des belles choses ?

Je ne sais pas ce qu'il faut faire, mais de même qu'on ne peint pas des tableaux pour les accrocher dans une cave, de même les traditions littéraires ne peuvent se perpétuer que si le public va écouter les pièces qu'on lui offre. S'il passe sa soirée au café à jouer au jaquet pendant que Phèdre raconte à Œnone ses plans de séduction, la tradition des belles choses se perpétue uniquement pour les ouvreuses. Quand on joue *Hernani*, la subvention eſt bien inutile, puisque les recettes montent à sept mille francs par soirée. Quand on joue *Andromaque*, la subvention n'a pas plus de raison d'être, puisque, tout le monde reſtant chez soi, la représentation ne profite à personne.

Si j'étais direĉteur, ce qui ne m'arrivera probablement jamais, n'ayant pas l'âme assez japonaise pour marcher convenablement à reculons, si donc j'étais direĉteur & qu'on voulût me donner une subvention, j'offrirais de payer pour ne pas l'avoir. Le public ne peut se douter de la lourdeur du cahier des charges attachées aux cent mille francs du

miniftère. Il n'y a plus alors de jour où l'adminiftration ne voie s'abattre sur la coupole
de son théâtre des nuées de grues venant
toutes de la part des gens les plus influents, se
faire engager comme grands premiers rôles
aux appointements de vingt mille francs
par an , & quinze francs de feux chaque
fois qu'elles viendront dire devant la foule
haletante :

— Madame eft servie !

Les jeunes filles qui grillent de se lancer,
& les cocottes qui n'ont jamais obtenu au
Conservatoire que des canapés d'honneur,
déboulent en chœur, leurs faux cheveux à la
main, demandant leur salaire. J'ai causé
l'autre jour avec une de ces femmes à « belles
connaissances ». Elle était horrible. Ses dents
étaient déchaussées comme un régiment de
carmes, & ses joues pendantes comme la
queftion d'Orient. Eh bien ! elle m'a déclaré
que, si on reprend *Ruy-Blas* à l'Odéon, c'eft
elle qui jouera le rôle de la reine. J'ai essayé
respeftueusement de lui faire comprendre
que Victor Hugo s'était réservé de présider

jusqu'ici à la diſtribution de ses pièces & qu'il ne me paraissait pas vouloir céder ce droit à personne.

—Oh ! m'a-t-elle répondu, si Victor Hugo refusait, il se passerait de jolies choses dans Paris.

Le fond de sa pensée était évidemment qu'au cas où l'auteur de *Ruy-Blas* confierait le personnage à une autre, le gouvernement le ferait immédiatement saisir sur la plage de Guernesey, par un régiment de dragons, & fusiller, comme le duc d'Enghien, dans les fossés de Vincennes.

Si encore la subvention vous contraignait seulement à engager des non-valeurs artiſti-ques, le directeur se contenterait de les re-miser derrière ses décors sans jamais leur confier le moindre bout de scène ; mais quand vous touchez sur les cassettes de l'État, allez donc refuser une piece en trois actes, & en vers, au fils du cousin d'un maréchal de France. Pour peu qu'il prenne à un prince, ou simplement à un invité de Compiègne, l'idée d'écrire un opéra, vous appelleriez en

vain à votre secours Dunois, Bayard & Duguesclin, pour lutter contre les influences
qui viennent donner l'assaut à votre cabinet.

Il faut jouer l'opéra. Il vous coûte deux
cent mille francs, il eſt mauvais & fait quatorze francs de recette à la sixième repréſen-
tation. De deux cent mille ôtez quatorze &
vous avez le total de votre perte sèche. Mais
comme vous êtes subventionné, vous vous
hâtez d'écrire à l'invité de Compiègne que
votre théâtre continue à se mettre à son entière disposition.

En comparant, avec la somme allouée tous
les ans à un théâtre, le chiffre des appointements donnés *par ordre* à des incapacités
féminines, celui des loges envoyées quotidiennement aux illuſtrations adminiſtratives
& celui des débours opérés sans résultat pour
monter des ouvrages princiers, il serait aisé
d'établir que ce n'eſt pas l'État qui subven-
tionne le direĉteur, mais le direĉteur qui sub-
ventionne l'État.

Telles sont les queſtions qui ont été trai-
tées, avec une certaine incompétence, dans la

dernière séance du Corps législatif; mais
l'événement devant lequel tous les autres
s'effacent aujourd'hui comme une vapeur,
c'eſt la découverte & l'application d'un compteur définitif pour les petites voitures. Depuis dix ans, les plus fortes têtes de la Compagnie se creusaient la leur pour arriver à
moraliser les cochers qui, paraît-il, écor-
chaient les bourgeois en leur comptant des
heures qui n'avaient jamais été sur le cadran,
&, chose incommensurablement plus grave,
étouffaient dans des poches à double fond la
moitié de la recette journalière. Le soir venu,
ils apportaient chacun 6 francs 5o centimes
à l'adminiſtration & allaient manger avec
des femmes de théâtre le reſte des sommes
perçues.

Il eſt probable que, si les voyageurs seuls
avaient eu à souffrir de ces procédés, jamais
le fameux compteur n'aurait vu le jour. Mais
il eſt facile de conſtater que les Compagnies
induſtrielles, comme les gouvernements, ne
considèrent volontiers l'intérêt général qu'au
point de vue de leur satisfaction particulière.

C'eſt pourquoi celle des petites voitures a poursuivi d'autant plus obſtinément la recherche de son merle bleu, qu'elle en gardera pour elle les meilleurs morceaux. Le nouveau tarif ne réglera plus les promenades à l'heure, mais au nombre de kilomètres parcouru & à la quantité des tours de roue. Le compteur eſt chargé d'empêcher toute fraude ; seulement je ne vois pas trop ce que nous y gagnerons. Quand un cocher, au moment de liquider des comptes, dira à son voyageur :

— Lorsque je vous ai pris, j'en étais à mon cinq cent trente-trois millième tour de roue ; j'en suis maintenant à mon six cent quarante-huit millième.

Il sera tout aussi difficile de lui prouver qu'il vous met sur le dos trois ou quatre mille tours de roue de plus qu'il ne vous en revient légitimement, qu'il eſt malaisé de lui faire comprendre aujourd'hui que de midi & quart à une heure moins dix, il y a moins de deux heures & demie. Que la discussion porte sur le nombre des minutes ou sur celui des kilomètres, nous n'en aurons pas moins à soutenir avec nos conducteurs ordinaires ces luttes auprès desquelles celles de la maison d'York & de la maison de Lancaſtre ne sont que des vaudevilles sans couplets.

Il eſt en outre probable que les cochers, habiles dans l'art d'enfoncer leur adminiſtration, sauront toujours raconter que les tours de roue marqués sur le compteur ne prouvent rien, attendu qu'ils les ont faits à vide en cherchant des voyageurs ; mais il eſt également probable que M. Ducoux leur tiendra ce langage :

— Mes petits enfants, je vous accorde comme gratification cinq cents tours de roue par tête, mais tâchez de ne pas dépasser ce chiffre déjà raisonnable, sans quoi je me verrais obligé de vous réclamer l'excédant.

Je ne sais, à vrai dire, à quoi aboutira le compteur, mais je suis bien convaincu que MM. les automédons en découvriront un autre qui annulera le premier, & je m'attends à lire prochainement dans *la Gaʒette des Tribunaux* qu'un cocher étant mort, ses héritiers ont trouvé trente mille tours de roue dans sa paillasse.

———

25 *juillet* 1867.

En même temps qu'on se plaignait à la Chambre qu'aujourd'hui les ténors soient plus payés que les maréchaux de France, notre confrère & ami Jules Richard donnait, dans sa chronique de *la Situation*, le chiffre du traitement d'un de nos plus hauts fonctionnaires, & arrivait, sans effort, à un total de deux cent vingt mille francs. Je n'ignore pas que tout augmente. *La* légume notamment eſt hors de prix, mais on se demande involontairement quels services un mortel peut bien rendre pour mériter des appointements de ce numéro - là. Nous entendons souvent parler des hommes « dévoués à nos inſtitutions ». Le dévouement ayant toujours été considéré comme une chose essentiellement gratuite, nombre de personnes supposaient que les gens dévoués à·nos inftitutions ne recevaient aucune rétribution en échange de ce mouvement du cœur. Je n'en ai jamais rien dit pour ma part, mais je croyais presque que la position d'homme dévoué à nos inftitutions s'achetait comme une charge de notaire & que plusieurs avaient offert des sommes considérables pour avoir le droit de porter au banquet des médaillés de Sainte-Hélène ce titre particulièrement si flatteur.

Il me semble-qu'à la suite de la révélation de *la Situation*, les hommes d'État n'ont rien à envier aux ténors. Si j'avais pensé que la carrière du dévouement pût rapporter des émoluments annuels de deux cent vingt mille francs, tout porte à croire que je m'y serais jeté à corps perdu. Savez-vous que deux cent vingt mille francs pour trois cent soixante-cinq jours représentent environ vingt-cinq francs par heure de dévouement? Si l'abnégation produit un tel résultat, que doit rapporter l'égoïsme?

Il faut reconnaître qu'il rapporte beaucoup, s'il eft vrai que Béranger, qui a fini comme un bénisseur, après avoir commencé comne un zouave, n'ait été toute sa vie qu'une grande coquette occupée à bichonner sa réputation. Je ne sais s'il avait passé un traité avec la poſtérité, mais cette déesse, qui va volontiers chercher ses amants dans la fosse commune, n'a pas tenu au chantre de *Lisette* tout ce qu'elle lui promettait. En termes plus accessibles à tous, depuis quelques années, Béranger était tombé au-dessous du pair, & il n'a fallu rien moins que le projet d'exposer sa défroque au nouveau musée Carnavalet pour faire remonter tant soit peù ses actions.

Il n'y a pas longtemps encore, un déjeuner de garçons ne se terminait pas sans que le meilleur gosier de la société entonnât le *Dieu des bonnes gens,* dont le refrain était religieusement répété en chœur par l'auditoire ému. Essayez maintenant de faire ressortir à la fin d'un repas les beautés de cette romance philosophique, & vous serez enfermé dans la huche au pain jusqu'à ce que vous demandiez grâce. L'idée de livrer à l'admiration publique

le pantalon de travail & le gilet de flanelle de
Béranger, n'a donc pas soulevé dans les masses cet enthousiasme indescriptible sans lequel un gilet de flanelle n'a plus de raison
d'être.

Béranger a eu du refte un grand tort aux
yeux de l'impétuosité française : il attaquait
les gouvernements sur l'air : *T'en souviens-
tu?* & dès qu'on voulait les renverser il disait
à sa domeſtique de lui apporter

Un lait de poule & son bonnet de nuit.

Sa gloire consiſtait surtout à passer pour
une machine de guerre. Or, il eſt inutile
d'avoir étudié Machiavel pour comprendre
que si l'auteur d'*Hommes noirs d'où sortez-
vous?* était un écrivain dangereux pour l'ordre public, on ne l'exposerait pas à l'hôtel
Carnavalet. Du moment qu'on l'expose, c'eſt
qu'il eſt devenu inoffensif, & s'il eſt inoffensif
il n'y a plus de motif pour l'exposer.

D'ailleurs, quoique je n'aie jamais caressé
le rêve de voir mon nom inscrit sur l'Arc-de-

Triomphe & que passer la Bérésina me paraisse ce qu'il y a de plus inutile au monde, je ne puis m'empêcher de chercher dans un musée consacré à l'hiftoire un côté héroïque qui manque essentiellement à la redingote longue de Béranger. Qu'on me montre un habit de général en m'apprenant que le brave Desaix le portait le jour de la bataille de Marengo, je saurai à quoi m'en tenir sur la valeur de ce vêtement; mais quand vous déployez à mes regards une lévite à basques démesurées, qui me dira si c'eft là celle avec laquelle Béranger a écrit *le Vieux Vagabond*, ou simplement celle qu'il a endossée le jour où il eft allé donner le denier à Dieu à son concierge de la rue de Vendôme?

Il eft, en outre, un peu tard pour transformer Béranger en reliques. S'il était mort vingt ans plus tôt, nul doute que son tombeau ne fût devenu, comme celui de Mahomet, l'objet de nombreux pèlerinages. Le jour où il a passé à l'état de gloire officielle & où l'État l'a pris sous sa protection, l'ami de Perrotin eft descendu tout doucettement de son piédeftal. Le Français n'aime pas que les autorités lui disent :

— Vous voyez bien ce monsieur qui passe, eh bien ! veuillez à partir d'aujourd'hui le considérer comme un grand homme, ou nous nous fâcherons.

— Je n'ai pas besoin qu'on m'indique mes grands hommes, répond le Français, je sais parfaitement les trouver tout seul.

Béranger était dans toutes les mansardes sous la forme d'un bas-relief, en ftéarine. Il allait peut-être se voir ciselé en cuivre sur les manches de couteau, ce qui, chez nous, eft le dernier mot de la popularité. Il a suffi que ses funérailles fussent payées par l'État, aux frais du Trésor public, pour que son grand nom s'abîmât dans une indifférence à peu près universelle. Je crains que l'exposition de sa garde-robe à l'hôtel Carnavalet ne l'y enfonce encore davantage. Il en eft un peu des grands hommes comme des livres soumis à la commission du colportage : les plus demandés sont précisément ceux auxquels on a refusé l'eftampille.

Il faut cependant admettre que, patentée ou non, la gloire a quelques attraits, puisque les femmes elles-mêmes, qui semblent nées pour tout autre chose, ne dédaignent pas de poursuivre cette chimère au mépris de toutes les exigences de leur sexe. En ces temps bouleversés notamment, plusieurs femmes, voyant que nos petits crevés étaient tout juſte bons à aller se promener autour du lac avec leurs petites crevettes, ont essayé de prendre parmi nous une prépondérance qui n'a jamais pu s'établir sérieusement depuis Catherine II. Dernièrement une jeune fille passait son baccalauréat ès-lettres dans le but probable d'aller donner des leçons de latin dans les colléges, & tout récemment une demoiselle de bonne famille a subi à l'École de médecine ses examens pour le doctorat. Tous les matins, cette jeune Ambroisine Paré accompagne le docteur Velpeau dans sa visite à la Charité comme un étudiant ordinaire, avec cette différence qu'elle ne va pas jouer au billard pendant une partie de la journée.

On ne saurait certainement trop encoura-

ger les dispositions scientifiques chez les femmes qui, lorsqu'elles enverraient les hommes
mourir à l'hôpital, auraient au moins la con-
solation d'aller les y soigner. Mais il eſt impossible de se dissimuler que, dans la société
telle qu'elle eſt agencée, une femme médecin
se prépare un avenir hérissé de difficultés.
J'avoue que je ne verrais pas d'un œil calme
mon épouse sortir, le matin, pour aller faire
un pansement à un monsieur du quartier, &
quand elle rentrerait pour dîner, portant sous
le bras une jambe humaine, résultat d'une
amputation, j'éprouverais quelque répu-
gnance à déposer sur son glorieux front le bai-
ser conjugal.

27 *juillet* 1867.

En France nous aimons les dialogues.
Maintenant que le Corps législatif a terminé
la série d'interruptions qui ont caraétérisé la
session de 1867, nul doute que les masses ne

se rejettent sur les discours de cours d'assises. Rien n'intéresse le public comme les luttes oratoires qui s'entament entre un accusé & son président. Les débats ouverts devant la cour de Foix nous offrent en ce moment une de ces récréations. Tantôt l'accusation a la corde, tantôt l'accusé prend dix longueurs d'avance; & au moment où nous espérons le voir définitivement gagner d'*une tête*, l'accusation fait un effort & le rattrape au tournant.

Car il eſt douloureux de le conſtater, tandis qu'en Angleterre les magiſtrats tendent, autant que le devoir le leur permet, la perche au prévenu, chez nous, les queſtions qu'on lui adresse semblent, avant tout, deſtinées à l'entortiller. Il n'eſt pas une âme facile à émouvoir qui ne se sente prise de pitié pour ce malheureux arracheur de dents, qui paraît juſte aussi coupable du quadruple assassinat du Château Baillard que le vice-roi d'Égypte, & à qui on fait des demandes comme celle-ci :

— Où étiez-vous, il y a quatre ans jour

pour jour, le 25 juillet, à deux heures de l'après-midi?

— Autant que mes souvenirs peuvent être exacts, répond l'interpellé pris à l'improviste, j'arrachais une canine à une marchande de légumes qui m'avait honoré de sa confiance.

— Vous vous trahissez vous-même, se hâte-t-on de lui répliquer, ce n'est pas une canine que vous arrachiez, mais bien une molaire; quant à la femme dont vous labouriez la mâchoire, non-seulement elle n'était pas marchande de légumes, mais elle était marchande de parapluies. Vous voyez bien que vous êtes coupable.

Toute l'éloquence de l'accusé doit alors concourir à faire comprendre aux jurés que cette erreur d'une dent ne prouve pas nécessairement qu'il a commis quatre assassinats. Réduit à ces discussions, un procès criminel arrive à n'être plus qu'une partie de dominos.

— J'aurai ta tête, dit l'accusation.

— Tu ne l'auras pas, fait l'accusé.

— Si, je l'aurai, riposte l'accusation.

Alors commence une de ces luttes où, des

6

deux côtés, on vous abat des témoins à charge ou à décharge, comme des neuf au baccarat. Quand l'inculpé abruti, cerné, désarçonné, se défend mollement, on lui dit :

— L'évidence vous écrase.

Quand, à l'inſtar du dentiſte actuel, il accepte le combat & oppose à ses adversaires des raisons triomphantes :

— Vous aviez tout prévu, lui répond-on; nous reconnaissons là votre habileté ordinaire.

Je crois que, pour un accusé, le seul moyen de mettre les juges de son côté, ce serait de leur tenir ce langage :

— Je suis innocent; mais vous paraissez si désireux que j'aie commis le crime pour lequel je comparais devant vous, que je croirais manquer d'éducation si je ne m'avouais pas coupable. J'aurai l'honneur de vous envoyer demain ma tête enveloppée dans un journal.

Entre autres arguments, ce misérable opérateur, dont les vêtements respirent le dénûment par toutes les déchirures, fournit cette juſtification :

— Vous me soutenez que j'ai volé un trésor, & je n'ai pas seulement de quoi manger.

— C'eſt probablement que votre complice Audouy a tout gardé.

— Mais Audouy était juſte aussi pauvre que moi.

— Alors c'eſt qu'il a fourré l'argent dans quelque cachette, connue de lui seul, comme cela se fait souvent dans votre monde, & qu'il sera mort sans avoir pu vous indiquer l'endroit.

Tel eſt le raisonnement de haute fantaisie qui a été opposé aux dénégations de l'accusé. C'eſt à peu de chose près l'affaire d'Arnal, à la recherche d'une pièce de cinq francs dans *Riche d'amour*, & se disant à lui-même :

« Si je retournais chez moi, il eſt possible qu'un voleur se soit introduit par la fenêtre & ait oublié un sac plein d'or sur ma cheminée. »

Et encore Arnal avait-il la précaution d'ajouter :

« Cette supposition eſt bien invraisemblable. »

Comment diable voulez-vous qu'un homme combatte une accusation qui s'égare ainsi dans le domaine de la rêverie? Le président des assises de l'Ariége a poussé l'esprit de déduction jusqu'à adresser à son justiciable cette question que j'extrais textuellement de *la Gazette des Tribunaux :*

— N'avez-vous pas engagé Audouy à quitter sa maîtresse, parce que, méditant déjà le crime du Château-Baillard, vous redoutiez ses indiscrétions?

Vous voyez d'ici où nous mènerait cet art de tirer des conséquences. J'ai moi-même un ami à qui j'ai fortement conseillé de quitter sa maîtresse qui le trompait avec le porteur d'eau. Si jamais ce malheureux jeune homme, égaré par une passion irrésistible, se laisse aller à une de ces actions déshonorantes comme les femmes seules savent vous en faire commettre, j'ai donc des chances de passer pour son complice, sous prétexte que je l'aurai engagé à rompre avec sa bien-aimée, qui est en même temps celle du porteur d'eau? Tous les jours un camarade vous dit :

— J'ai envie de quitter ma maîtresse.

Et vous lui répondez :

— Tu ferais bien. Si tu savais comme elle te rend ridicule !

Faut-il en conclure que tous les gens qui donnent à leurs semblables ce conseil salutaire, roulent dans leur tête des projets de meurtre ? M. le président des assises de Foix n'oserait pas le soutenir. Or, tous les mortels étant égaux devant l'amour, pourquoi trouver si étrange chez un dentiſte en plein vent ce qui semble tout naturel de la part d'un habitué du café Riche ?

Pour qu'un homme, soupçonné de n'importe quoi, réussisse à faire reconnaître son innocence au milieu des fondrières qu'on creuse sous ses pieds & des piéges à loups qu'on lui dresse, il lui faut :

L'éloquence de Jules Favre ;

La présence d'esprit de Talleyrand ;

La finesse de Paul-Louis Courier ;

Et l'énergie de Mucius Scœvola.

Et encore lorsque l'accusé doit à la réunion de ces rares qualités de n'être envoyé qu'aux galères, une partie du public s'écrie :

— Canaille, va ! a-t-il bien fourré dedans ces pauvres jurés !

———

29 juillet 1867.

Si une chronique du *Figaro* ressemblait à une revue de la garde impériale, jamais je n'aurais une plus belle occasion de décommander mon article à cause du mauvais temps. Beaucoup de gens sont encore convaincus que le métier de courriériste consiste à chausser tous les matins des bottes énormes & à aller aux informations. C'est à ces âmes candides que je m'adresse, & je leur demande en bonne conscience si je suis tenu de leur donner des nouvelles d'une ville où il pleut depuis deux mois consécutifs, où il est impossible de trouver une voiture, & où on ne peut emporter un parapluie sans qu'on vous le vole dans un café.

Si le ciel persiste ainsi à tenir ouverte sa

glande lacrymale, je me verrai réduit à faire du journalisme en chambre & à raconter les amours de ma table de nuit avec un fauteuil à roulettes. Or, je ne puis me le dissimuler, ce n'eſt pas avec de pareils récits que je me ferai une position politique, d'autant plus que l'agence Havas s'eſt contentée cette semaine de nous annoncer, sans autre explication, que « le général Dumont avait passé, en uniforme, à Rome même, la revue de la légion d'Antibes. »

Cette nouvelle tient Paris en suspens depuis deux jours. Plusieurs amis, désireux de sortir d'une aussi poignante anxiété, ont bravé la tempête pour venir me demander si je connaissais le général Dumont; pourquoi il était allé à Rome passer en revue la légion d'Antibes plutôt qu'une autre, & d'où venait qu'il avait endossé son uniforme pour cette cérémonie plutôt que de reſter en simple veſton? J'ai répondu de mon mieux que de ma vie je n'avais entendu parler du général Dumont, mais qu'il était peut-être allié à la famille Havas, laquelle avait profité d'un moment de ſtagnation politique pour entretenir le public de ce qui se passe dans son sein. Mais il paraît que je me suis trompé & que ce fait du général Dumont, faisant défiler devant lui la légion d'Antibes, eſt d'une excessive gravité. C'eſt à ce point que les journaux complaisants ne pensent plus qu'à démentir l'effet de la dépêche. Ils soutiennent que le voyage à Rome du général Dumont n'avait aucun but politique & qu'il y allait tout bonnement pour acheter des cigares.

— Quand on va acheter des cigares, répond la presse désagréable, on ne s'habille pas en général & on ne passe pas en revue une légion avec laquelle on n'a surtout jamais eu la moindre accointance. Prenez des informations auprès des marchands de tabac, & vous verrez.

Telle eſt la situation dont l'ambiguité retombe tout entière sur l'*Agence Havas*. Cette adminiſtration qui, seule dans la presse, a la propriété de donner des fausses nouvelles sans être poursuivie, a d'ordinaire tellement peur de se compromettre, qu'elle devient non moins difficile à comprendre que l'orateur des clowns japonais du Cirque américain.

Il y aurait pour un poëte sans ouvrage beaucoup d'argent à gagner. Ce serait de fonder une seconde agence uniquement deftinée à expliquer les dépêches de la première. Un homme qui s'établirait aux Champs-Élysées avec une baraque sur le frontispice de laquelle il placerait cet avis.

LA PERSONNE DE LA SOCIÉTÉ

QUI PARVIENDRA A EXPLIQUER LES DÉPÊCHES DE

L'AGENCE HAVAS GAGNERA UN LAPIN.

ferait également une fortune rapide. En attendant, comme l'a très-bien fait observer le *Courrier de Paris*, l'agence en queftion nous sert quotidiennement, avec monopole & privilége, de vieilles nouvelles de trois semaines, qu'elle assaisonne, pour leur donner une apparence de fraîcheur, comme les reftaurateurs redonnent un tour de casserole aux rumfteeks de l'avant-veille. L'absence complète de concurrence lui offre une sécurité dont elle abuse avec joie. Je suppose qu'elle nous envoie un matin le télégramme suivant :

Tananarive, 22 juillet.

« La reine de Madagascar épouse Léonce des Bouffes-Parisiens, qui a consenti à subir le tatouage. Si cet acte important s'accomplit, on dit que Frédérick Lemaître sera premier miniſtre. »

Léonce des Bouffes ayant réclamé, l'agence Havas en sera quitte pour republier le lendemain cet autre télégramme qu'elle fera au reſte payer, comme le premier, aux journaux français.

Tananarive, 25 juillet (voie de Suez).

« Ce n'eſt pas la reine de Madagascar, mais bien Nina la Chevelue, du château d'Asnières, qui doit se marier prochainement. En outre, ce n'eſt pas avec Léonce, des Bouffes, mais

avec un coiffeur de Courbevoie qu'elle a l'intention de s'unir. »

Le plus douloureux de ces façons d'agir,
c'eſt que le public, qui ignore par quelles
chaînes de fer forgé nous sommes rivés à
l'agence Havas, accuse les journaux de toutes
les inexaƈtitudes télégraphiques qu'on lui fait
avaler, & le soir, à la veillée, se gausse de
notre ignorance. Nous passons pour des imbéciles, ça nous coûte très-cher, & voilà.

Mais, comme en effet nous ne sommes pas
très-forts, nous continuerons à accepter les
présents d'Artaxerxès-Havas, qui, de son côté,
continuera à nous annoncer comme un fait
d'une importance hiſtorique, que le vice-roi
d'Égypte vient d'offrir un bracelet à la femme
du maire de Champigny-les-Canards, & que
le sultan a envoyé à l'épouse du sous-préfet
de Villeneuve-les-Gandins une paire de bou-
cles d'oreilles en écaille de tortue. Car, l'avez-
vous remarqué, le métier de femme de fonctionnaire eſt devenu cette année excessivement
produƈtif. Depuis que les représentants de

toutes les dynaſties sont venus s'épanouir sur notre sol sacré, il n'eſt presque pas de jour où les feuilles n'enregiſtrent quelque cadeau princier offert à la compagne d'un homme public. Il doit y avoir quelque part en Europe une fabrique de bijoux pour femmes de fonctionnaires. Autrefois c'était le mari lui-même qui, en échange d'un acte éclatant de courtisanerie, recevait une tabatière. Aujourd'hui la femme entre dans la combinaison. Si jamais j'occupe une place quelconque dans la hiérarchie politique, je ferai en sorte de me marier trois fois. Mais notre pays ne sera véritablement grand & respecté que quand les enfants des familles à tabatières participeront aussi à la diſtribution, et quand *le Moniteur* racontera que le roi Charles XV de Suède vient d'envoyer un polichinelle au jeune Guguſte & une brouette au petit Totole, tous deux fils de M. le percepteur de Charentonneau.

2 *août* 1867.

Après tout, il faut bien rire un peu. On ne peut pas toujours s'attrifter sur l'expédition du Mexique, que des flatteurs ont appelée « la plus grande pensée du règne, » ce qui eft, du refte, peu gracieux pour les autres pensées. J'ai clos avant-hier la session de mon propre corps, qui n'a rien de législatif, & j'ai demandé à l'hirondelle voyageuse de quel côté il était bon de prendre mon vol. L'hirondelle m'a répondu que l'Océan

> Qui respire ainsi qu'une poitrine
> S'enflant & s'abaissant,

comme a dit le plus grand de nos poëtes, ne ferait peut-être aucune difficulté de m'ouvrir sa couche salée. Tous les Parisiens ont la passion des bains de mer. On eft gelé quand on y entre, on tremblotte pendant trois quarts d'heure une fois qu'on en eft sorti, mais c'eft charmant tout de même. Les gens qui croient

7

que la découverte des bains de mer eſt due à Chriſtophe Colomb sont probablement dans l'erreur. La légende prétend que lorsque Guillaume le Conquérant partit de Cabourg-Dives pour aller mettre le grappin sur l'Angleterre, un soldat de sa troupe lui vola la dragonne de son sabre dans le but avoué de s'en faire de l'argent. Furieux d'être obligé de marcher à la gloire sans dragonne, Guillaume condamna son infidèle soldat à être tous les matins, pendant vingt & un jours, trempé dans la mer, quelque temps qu'il fît, en caleçon de laine noire & en bonnet de toile cirée pour comble d'humiliation. Deux hommes de confiance étaient chargés d'exécuter cet ordre barbare.

Le premier jour le soldat poussa des cris épouvantables qui se calmèrent un peu à la seconde immersion, quoiqu'il fît encore entendre des gémissements de bonne qualité chaque fois qu'il recevait un galet dans le dos. Au bout de huit jours, le supplicié engraissait à vue d'œil & ses bourreaux semblaient au contraire dépérir. L'idée vint alors à Guillaume le Conquérant que ce qu'il avait considéré comme une affreuse punition était tout simplement de l'hygiène bien entendue, & il a déclaré depuis que, s'il n'avait pas eu l'idée fixe de se faire roi d'Angleterre, il aurait certainement embrassé la profession de maître nageur.

Si j'ai tenu à dire que je suis allé simplement me reposer dans l'eau, des désagréments auxquels on eſt exposé sur la terre, c'eſt que je ne voudrais à aucun prix qu'on pût supposer que je suis allé faire des tournées en province, à seule fin de me faire nommer conseiller général. Je ne vois, en effet, sur les murs des villes où je passe, que professions de foi & déclarations de principes, dans lesquelles on promet au peuple tout ce qu'il aime, à charge, une fois l'éleƈtion terminée, de lui donner tout ce qu'il n'aime pas. Le fond de toutes ces proclamations eſt celui-ci :

« Voulez-vous le bonheur de la France? nommez-moi. Voulez-vous le malheur de la France? ne me nommez pas. »

J'en ai diſtingué plusieurs où les sentiments

les plus purs s'alliaient à une ignorance remarquable de la langue française. J'avais pensé un moment à aller m'offrir pour rédiger à tant la ligne les professions de foi de ceux qui ont plus de conviction que d'orthographe. Je n'en ai moi-même pas plus qu'il ne m'en faut, mais, avec un peu de travail, j'aurais pu gagner mon voyage, d'autant plus qu'à l'inſtar de ce célèbre homme d'État dont a parlé *le Figaro*, tous les mensonges, je me les serais fait payer à part. J'ai été retenu par la crainte que quelque diſtraction ne me fît fourrer, dans le placard d'un conservateur, des phrases à le démonétiser à tout jamais dans l'esprit des gens haut placés.

Quant à moi, si je me présentais jamais pour mon compte personnel à un conseil général quelconque, je voudrais étonner les électeurs par l'originalité de mon affiche.

« Électeurs, dirais-je à mes concitoyens, je crois que vous avez bien tort de laisser vos femmes acheter des robes qui exigent dix-huit mètres d'étoffe chaque & trois cents francs de garniture. En effet, quand on dépense tout

son argent, on n'en a plus, & quand on n'en
a plus, on fait une foule de vilaines choses
pour en avoir.

.« Vous faites également fausse route en
vous habituant à fumer des cigares de soixante-quinze centimes qui vous donnent le
goût des bonnes choses & vous ôtent celui
des choses sérieuses. Si vous voulez être libres
de vos mouvements & indépendants au point
de vue politique, soyez économes ; c'eft-à-dire
n'ayez pas trois ménages à côté du vôtre, attendu que généralemeni il faut vendre le premier pour nourrir les deux autres, & que
d'ordinaire, après qu'on a tout vendu, on
vend sa conscience, quand toutefois on n'a
pas commencé par là. »

Voilà ce que je dirais à mes électeurs, qui
non-seulement se hâteraient de ne pas m'élire,
mais se déclareraient insultés & viendraient
faire du tapage dans mes escaliers. Aussi
n'avais-je en tête aucun martel politique lorsque, avant d'aller m'inftaller pour quelques
jours à Cabourg, je me suis arrêté à Caen, où
les courses avaient attiré un monde énorme.

Les courses de province, c’eſt tout l’un ou tout l’autre. On voit courir des rhinocéros ou les meilleurs chevaux de Paris. Caen, qui possède , outre d’excellentes matelottes, le plus bel hippodrome connu, a eu l’honneur de déplacer *Ruy-Blas,* qui a, sans trop se faire prier, gagné les deux courses dans lesquelles il eſt parti. Ce cheval, qui porte un glorieux nom, commence à se faire une position dont *Gladiateur* sera peut-être jaloux un jour, si on admet que les étalons sont aussi malveillants que les humains. Quand *Ruy-Blas* a paru sur la piſte, tout Caen s’eſt levé comme un seul chef-lieu en criant :

— Le voilà ! c’eſt lui !

Un monsieur, placé à côté de moi, a dit tout haut :

— J’ai sa photographie, il eſt bien ressemblant.

Plusieurs personnes lui ont même fait un succès politique , le bruit s’étant répandu dans la ville qu’il avait été défendu longtemps, & qu’on ne lui permettait enfin de courir qu’après l’avoir tenu enfermé pendant dix-huit ans dans les cartons du miniſtère.

Entre les deux jours de courses , nous sommes allés tous aux bains de Lucques, qui se trouvent à trois quarts d'heure de Caen, & où les femmes mettent le jour les bonnets de coton que leurs maris ont quittés le matin. Notre confrère, Étienne Porte, rédacteur en chef du *Derby* & expert entre tous dans les choses du sport, a immédiatement organisé des courses à la voile entre les pêcheurs du village. Cinquante francs au premier, trente francs au second, vingt francs au troisième. J'étais, pendant le combat, assis auprès de la femme du pêcheur qui eſt arrivé en tête battant les autres de plusieurs coups de vent. Quand elle a vu son mari passer à notre jockey-club pour toucher son prix de cinquante francs, j'ai cru qu'elle allait succomber à une attaque d'apoplexie. J'ai pensé alors que celui-là était un grand philosophe qui a dit le premier que tout eſt relatif, & que nous autres, qui jetions si facilement par toutes les fenêtres ce qui représente deux mois du travail d'un pêcheur des côtes de Normandie, nous étions de bien grands misérables.

Devant le succès de cette première tentative, nous avons immédiatement fondé un prix de dix francs, entrées comprises, pour les jeunes gars du pays qui voudraient courir à pied une diftance de cent cinquante mètres. Soixante moutards se sont présentés, dont la moitié eft tombée avant l'arrivée. Le vainqueur a été félicité par sa famille jufte comme s'il avait sauvé la France à Waterloo, & les autres se sont arraché les cheveux qui, heureusement, repousseront.

Nous voulions créer une course en sabots pour les filles de la contrée. Mais nous avons remis l'exécution de ce projet à l'année prochaine. Il y a un certain nombre de beaux garçons dans le village. D'ici là elles auront le temps d'être suffisamment entraînées.

15 *août* 1867.

La magiftrature a été évidemment conftituée pour protéger les citoyens, car s'il n'y avait pas de citoyens, il n'y aurait pas de magiftrats. Quelquefois, malheureusement, ils ont une façon à eux d'interpréter la protection qu'ils nous accordent. Il arrive souvent, par exemple, que sans aucun résultat sérieux pour la découverte de la vérité, on mêle à une affaire scandaleuse comme celle du procès de Fontainebleau, des personnes honorables qui sont fort surprises, en dépliant le matin leur journal, de voir leurs noms ou leurs portraits livrés avec dédicace à la publicité de débats criminels.

Je donne cent mille francs & un parapluie rouge à qui me prouvera de quelle utilité pouvait être, dans l'interrogatoire de la femme Frigard, la production des photographies, avec les noms & qualités y annexés, d'hommes entièrement étrangers à la mort de la victime & qui lui avaient rendu visite dans un but que la magiftrature, gardienne naturelle des mœurs qui ne savent pas se garder elles-mêmes, devrait dissimuler à tous les yeux.

Remarquez que ce but même, nous ne le

connaissons pas. Il eſt possible que la plupart des messieurs qu'on a étalés si légèrement sous les yeux des jurés aient en effet cédé aux agaceries d'une de ces Nicolas Flamel qui trouvent moyen de faire de l'or avec des imbéciles; mais si jamais la vie privée a besoin d'être murée, c'eſt surtout dans ces circonſtances toutes spéciales. Figurez-vous dans un salon fraîchement décoré une femme mariée lisant dans la *Gazette des Tribunaux* que son époux diſtribue sa photographie à toutes les boulevardières d'alentour. Vous voyez d'ici cette lionne dans la cage de laquelle Batty lui-même refuserait d'entrer.

— Ah! misérable! voilà donc où a passé ma dot! Et moi j'étais là, & je me reprochais les dix-sept premières représentations & les trente-trois bals de nuit auxquels j'ai assiſté cet hiver. Ah! que j'étais bête! Oh! oui, j'étais bien bête.

Il y a là, songez-y, mes bons juges, de quoi amener plus de séparations que vous ne pourriez en prononcer. Il faudrait donc, à mon

avis, y regarder à deux fois avant de jeter
ainsi le trouble dans les ménages légitimes &
surtout dans ceux qui ne le sont pas.

J'ai conftaté que plusieurs d'entre nous
étaient exposés en cartes de visites aux vitrines des papetiers du passage des Panoramas. Si, ce que je n'ose espérer, il plaisait
à mademoiselle 'Toinette Bobichon, en
religion sœur Camélia, d'acheter ma photographie pour la mettre dans son album, il me
serait excessivement désagréable d'être cata-
logué dans les pièces à conviction le jour où
ladite Bobichon volerait le porte-monnaie
d'un riche étranger. Il eft même probable que
je demanderais, sinon des dommages-intérêts,
au moins des explications au tribunal. Il eft
vrai que, sans nul doute, celui-ci me répondrait :

— Allez vous asseoir.

Ce qui eft le grand argument des tribunaux
qui ne trouvent rien à répondre.

Nous n'en devons pas moins conftater que
ce sont les indiscrétions de ce genre qui
nuisent à la manifeftation de la vérité en

effrayant les témoins, qui ont à peu près aussi peur que les accusés de paraître devant la juftice. Comme nous savons que le pouvoir discrétionnaire d'un président peut faire de nous exactement ce qu'il veut ; qu'il a le droit de nous faire habiller en général mexicain ou en odalisque si les besoins de la cause lui semblent l'exiger ; comme, en outre, il peut nous menacer de nous faire arrêter à l'audience, ainsi qu'on l'a vu dans l'affaire du dentifte de Foix, où un malheureux saltimbanque a failli passer le reftant de ses jours entre deux gendarmes, pour avoir essayé de défendre son confrère, qui était du refte innocent ; tous ces agréments unis à une exhibition possible de photographies intimes ont généralement pour effet de procurer des tremblements convulsifs à tout individu qui reçoit une assignation à comparaître.

Il n'y a, dans ce que je dis là, aucune intention d'excuser la femme Frigard, qui me paraît aussi mal tournée au moral qu'au physique. Les femmes, d'ailleurs, ont beaucoup donné cette saison au point de vue criminel,

puisque les journaux racontent que la prison
de Saint-Lazare eſt tellement encombrée en
ce moment que l'adminiſtration a été obligée
de placer pour les détenues des lits jusque
dans les couloirs. J'ai cru même saisir dans
le regard de quelques-unes des feuilles qui
annoncent cette nouvelle un petit air de satisfaction non exempte d'orgueil. Voyez,
vous disent-elles implicitement, comme cette
prison prospère. Il y a plusieurs années, c'eſt
tout au plus si Saint-Lazare contenait deux
cents prisonnières. Aujourd'hui, elle en ren-
ferme dans son sein un nombre si respectable
qu'on eſt forcé de dresser des lits dans les couloirs. Niera-t-on notre supériorité sur les
autres nations de l'Europe? Dieu! comme
les Anglais vont être vexés!

Que le champ de l'adultère & celui du dévergondage aient produit une abondante récolte, je ne le nie pas, mais peut-être, au lieu
de placer des lits dans les couloirs des maisons de détention pour les dames, serait-il bon
de chercher la cause de cet accroissement fré-
nétique des délits féminins. Vous avouez

vous-mêmes que Paris n'eſt qu'un grand bazar européen (vous avez dit caravansérail, mais bazar me paraît moins turc) aux richesses duquel vous conviez tous les peuples.

Vous transformez sciemment & avec une préméditation non déguisée la capitale de la France en une ville de plaisirs & de fêtes vénitiennes. Or, si vous avez fait de Paris une ville de plaisirs, c'eſt évidemment pour qu'on s'y amuse. Vous ne pouvez avoir la prétention de nous faire admettre que toutes les joies de la vie consiſtent à entendre M. Belmontet s'écrier de temps en temps :

— Non, la France ne périra pas.

Ou :

— Que la Prusse prenne garde à elle !

Non, une ville de plaisirs eſt évidemment celle où l'on joue le plus gros jeu au baccarat, où l'on paye le moins son tailleur & où les femmes de la petite vertu sont le plus abondantes. Si vous conviez à vos agapes toutes les cascadeuses du globe, & que vous les fassiez arrêter quand elles débarquent chez vous avec leur corset dans du papier, elles ont le

droit inconteſtable de vous demander pourquoi, après leur avoir ouvert ainsi les portes
de la France, vous leur ouvrez celles de
Saint-Lazare.

Il ne peut y avoir deux façons de voir les
choses : il eſt très-vrai que depuis quinze
jours on n'a jamais tant parlé de vertu, de
bonnes mœurs & de pudeur publique, mais
il eſt également inconteſtable que jamais la
mauvaise conduite n'a pris chez les femmes
de toutes les classes des développements aussi
exceptionnels. Vous avez voulu faire de Paris
une ville de plaisirs, vous l'avez; de quoi
vous plaignez-vous? Si vous trouvez aujourd'hui que les plaisirs vont trop loin, ce n'eſt
pas en encombrant les prisons deſtinées aux
femmes que vous diminuerez le scandale.
Vous arriverez au contraire à le souligner
sans réussir à l'éteindre.

Laissez-les donc, au contraire, ces braves
filles, retourner à leurs petites récréations,
qui ne changent rien à l'état des choses. Si
vous vous montrez si sévères avec elles,
savez-vous ce qui arrivera? C'eſt qu'elles s'en-

voleront loin de Paris, qu'elles n'y revien-
dront jamais, & que vous vous trouverez
avec une ville de plaisirs sur les bras, sans
qu'on puisse faire autre chose pour toute
diftraction que de causer des obligations
mexicaines, ce qui ne sera peut-être pas
amusant pour tout le monde.

———

18 *août* 1867.

Il faut tout prévoir : je serai peut-être un
jour trop heureux de me créer de vulgaires
ressources avec une de ces médailles d'argent,
produit inceftueux d'une cantate & d'un morceau de musique. En homme qui songe à
l'avenir, je me suis donc rendu il y a quelques
jours chez un poëte qui a de cette littérature
une habitude invétérée. Ce garçon, qui eft
d'ailleurs charmant, éprouve à peu près deux
fois par an un irréfiftible besoin de *cantater*.
Ses crises le prennent généralement au prin-
temps & à l'automne. Il avale alors son

dictionnaire des rimes, & une fois qu'il l'a rendu il eft soulagé pendant six mois. De temps en temps il a la chance qu'il se commette contre un souverain un attentat non suivi d'effet, ce qui lui procure une troisième purgation dans son année. Mais les médecins les plus autorisés n'ont pas hésité à déclarer que c'était trop pour son tempérament & qu'il arriverait ainsi à se donner une inflammation d'inteflins, d'autant plus qu'il a toujours négligé de prendre du bouillon aux herbes avant l'opération.

Il n'en eft pas moins résulté pour lui de cet état poético-maladif une telle quantité de médailles d'or, de bronze, d'argent & d'aluminium que tous ses amis lui conseillent de faire sa vente l'année prochaine. Je ne pouvais donc m'adresser à un homme plus compétent.

— Supposez, lui ai-je dit, que je nourrisse le projet de faire une cantate pour le 15 août qui vient, comment croyez-vous que je doive m'y prendre ?

— C'eft selon, m'a répondu cet expert assermenté près les cours & miniftères. Il faut parler un peu de tout sans compromettre personne, & toucher à toutes les grandes queſtions européennes, sans donner à chacune d'elles plus d'un hémiſtiche ou deux.

— Tel eſt, en effet, mon plan, ai-je répliqué. Ainsi, je me demande s'il ne serait pas bon de commencer par une juſtification de l'affaire mexicaine, aujourd'hui encore si indignement calomniée.

— Oh! vous n'y êtes pas du tout, fit-il alors vivement. Faites une cantate, mais si vous voulez être le moins du monde agréable au gouvernement, ne parlez pas plus du Mexique que s'il n'avait jamais exiſté.'

— Très-bien! je me rejetterai sur la prochaine revendication de nos frontières du Rhin.

— Pas un mot du Rhin, dans ce moment-ci, au nom du ciel! Lancer une menace à la Prusse quand la situation eſt aussi tendue, le gouvernement ne vous le pardonnerait pas.

— Moi, vous savez, je disais le Rhin, comme j'aurais dit autre chose. Je n'y tiens pas autrement, d'autant plus que je me rattraperai amplement sur l'Italie, aujourd'hui libre ou à peu près, jusqu'à l'Adriatique.

— Ah! un inftant, pas de bêtises. Si vous vous amusez à peser sur la queftion romaine jufte quand Garibaldi se dispose à la trancher définitivement, vous n'aurez pas même une médaille en fer-blanc.

— Vous avez parfaitement raison. Que je suis bête! je vais m'amuser à chercher midi à quatorze heures, quand j'ai de quoi faire dix cantates avec la seule lettre du 19 janvier, qui nous promet le droit de réunion, la liberté de la presse, l'abaissement du timbre pour les journaux, la faculté de...

— Un mot de plus, & votre médaille n'eft plus même en étain. Une lettre promettant tout ce que vous énumérez a été écrite le 19 janvier, c'eft inconteftable & personne ne peut nier qu'elle ait paru au *Moniteur*. Mais puisque vous paraissez vouloir entrer dans les bonnes grâces du pouvoir, continuez à considérer, jusqu'à nouvel ordre, cette publication comme un de ces charmants mirages, un de ces rêves d'opium aimés des Orientaux.

— Ah! pardon, je ne savais pas. Mais si vous croyez de mauvais goût de traiter en rimes croisées de l’abaissement du timbre, qui ne sera peut-être jamais abaissé, rien ne m’empêche de célébrer la tranquillité dont nous jouissons.

— A toute autre époque vous seriez dans le vrai, mais cette année, vous tombez mal. Depuis qu’un député a qualifié cette tranquillité de « calme effrayant, » le calme eft très-mal vu en France. Comme, d’un autre côté, vous ne pouvez pas vous plaindre d’être calme & demander à être agité, mieux vaut, au point de vue de votre intérêt personnel, ne pas arborer un mot qui donne lieu à des interprétations si différentes.

— Vous êtes plein de bon sens, mais si je ne puis parler dans ma cantate, ni du Mexique, ni de l’Italie, ni de l’Allemagne, ni de la lettre du 19 janvier, ni de la tranquillité dont nous jouissons, je ne vois pas trop comment je me tirerai d’affaire, à moins que je ne chante, sur la lyre à sept cordes, les bienfaits du libre échange.

— Vous en avez le droit, mais, à votre place, je n’en ferais rien. Après les discours de M. Pouyer-Quertier sur le traité de commerce, retomber dans cette queſtion-là, c’eſt se mettre à dos tous ceux qui ne veulent pas réveiller des discussions éteintes.

— Alors que pensez-vous de quelques ſtrophes sur le retour des bonnes mœurs ?

— Ce serait le comble de la maladresse, au moment où tous les journaux annoncent qu’on a été obligé d’ajouter des lits à ceux qui ornaient déjà la prison de Saint-Lazare.

Voilà comment, si j’avais suivi mes inſtinĉts, j’aurais trouvé moyen de me mettre très-mal avec les grands de la terre, tout en faisant mes efforts les plus soutenus pour leur être agréable. Je conſtate cependant que d’autres plus habiles ont réussi à faire des cantates, où il était queſtion de tout & de rien, de rien & de tout, & qui leur amèneront leur médaille périodique. Faut-il que ces écrivains-là aient du talent !

Il eſt cependant dur de ne pouvoir obtenir une médaille, même en osier, précisément dans un mois où les diſtributions tombent drues comme grêle, accompagnées de discours sur lesquels ceux qui les entendent & probablement ceux qui les prononcent donneraient difficilement des explications. Le maréchal Vaillant, par exemple, qui eſt miniſtre des Beaux-Arts — ce qui peut paraître singulier quand on songe qu'en 1849 c'eſt lui précisément qui a bombardé Rome, la ville artiſtique par excellence — le maréchal Vaillant, qui probablement a appris à connaître les tableaux dans les cadres de l'armée, a prononcé dans son allocution à la diſtribution des récompenses aux exposants du Salon de cette année, cette phrase qui perd à être creusée, à propos de la mort de Brascassat & de celle d'Ingres :

« Je ne vous dirai jamais qu'il y a des deuils plus cruels les uns que les autres. »

Mais si, mais pardon mille fois, il y a des deuils plus cruels les uns que les autres. Quand un mari perd sa femme qu'il aime, son deuil eſt infiniment plus cruel que s'il ne pouvait pas la souffrir. Je suis obligé de dé-

clarer que, pour ma part, je porterais certains
deuils avec une excessive légèreté d'allures,
tandis que d'autres me seraient peut - être
intolérables. Si, d'ailleurs, tous les deuils
sont aussi cruels les uns que les autres, pourquoi prononce-t-on sur certaines tombes
des discours de trois quarts d'heure, tandis
que les enterreurs se contentent de s'avancer sur certaines autres la casquette à la main.
en disant à la famille :

— J'espère que ces messieurs sont satisfaits.

Voilà malheureusement à quoi nous entraînent les discours officiels & obligatoires.
On a une vieille phrase dont on ne pouvait
rien faire, on la fourre là-dedans, comme les
dévotes gardent les sous de mauvais aloi pour
les donner à la quête. C'eſt ainsi que
M. Guillaume, direĉteur de l'École des
Beaux-Arts, qui a succédé à M. le maréchal
Vaillant comme orateur, a fait cette déclaration publique en conſtatant l'état de prospérité de son enseignement :

« Il semble qu'il y ait à l'École des Beaux-

Arts un obftacle secret aux entraînements funeftes. »

Je demande à M. Guillaume ce qu'il entend par « entraînements funeftes? » Géricault a eu des entraînements le jour où il a fait sa *Méduse* & son *Cuirassier blessé*. Delacroix, Barye, Giorgione, Véronèse, Diaz, David d'Angers ont passé leur vie à avoir des entraînements. En revanche, M. Blondel, M. Picot & trop d'autres n'ont jamais eu, il faut leur rendre cette juftice, les plus petits entraînements. Malheureusement, les premiers ont produit des chefs-d'œuvre, & les seconds d'honorables croûtes. Ce qui peut être appelé funefte en art, c'eft donc moins l'entraînement que la sagesse. En effet, l'école que dirige M. Guillaume n'a aucun entraînement funefte ou non, on s'en aperçoit tous les ans à l'exposition des prix de Rome.

19 *août* 1867.

J'ai quitté l'Océan & ses pêcheuses de crevettes, pour retrouver Paris & ses pêcheuses
de crevés. La bonne plaisanterie de la semaine a consifté à rire beaucoup du jeune
homme qui persiftait à proclamer devant
la Cour la chafteté native de la défunte dame
de Mertens, tandis que sur le même banc
réservé aux témoins se tenait tranquillement
un monsieur blond, qui venait de raconter à
MM. les jurés qu'il avait rencontré un soir la
dame des pensées de son voisin d'audience,
& que sur un simple gefte, marqué en chiffres connus, elle l'avait suivi chez Brébant,
où ils avaient ensemble donné des coups de
couteau dans un perdreau, en même temps
que des coups de canif dans un grand nombre
de contrats.

Et on nous accuse, nous autres fouilleurs
du cœur humain, de manquer de poésie, &
je trouve encore là, sur une table, une lettre
d'une petite écriture indignée où une ano-

nyme me demande si j'ai la prétention de rayer l'amour d'un trait de plume. Mais non, je n'ai pas plus cette prétention là que d'autres. Tout ce que nous voulons, c'eſt que les hommes ne confondent pas l'amour avec la jocrisserie & le cœur avec l'eſtomac.

Si, au lieu de chanter à son ami :

C'eſt le jour. Entends-tu le chant de l'alouette?

Juliette avait dit à Roméo :

« Mon petit, vois-tu, il faut filer parce que l'autre va venir. Ah! à propos, n'oublie pas de laisser quelque chose pour la bonne. »

Il eſt probable que ni Shakespeare, ni M. Gounod ne se seraient occupés de ces deux personnages. Malheureusement l'exemple de madame de Mertens ne corrigera personne, & ceux qui rient le plus haut de la déposition du jeune homme en sa faveur, sont probablement logés au même hôtel que lui : à l'hôtel du *Cœur volant*. Ce qu'on ſtupéfierait d'amants convaincus, en leur démontrant qu'ils ont des collaborateurs au fond de toutes les armoires & au bas de tous les escaliers! Un monsieur rencontre une femme dans un bal public; le premier soir il veut bien admettre qu'elle a cédé dans le but, d'ailleurs hono-rable, d'arriver à payer son terme; mais inter-rogez-le huit jours après, il vous racontera qu'il l'a remise complétement dans la bonne voie, & qu'aujourd'hui, elle ne le tromperait pas pour toutes les tabatières enrichies de diamants qui se sont diftribuées, ces temps derniers, sur toute la surface de l'Europe.

Il y a, cependant, pour savoir si une maî-tresse en associe d'autres à votre empire, une épreuve bien facile à tenter. Pour peu qu'elle soit figurante dans un théâtre, vous lui faites remettre par le concierge le billet suivant :

« Mademoiselle,

« Vous êtes belle, je suis étranger. A quels autres pieds que les vôtres puis-je déposer mes hommages & une partie de ma fortune? Si vous ne dédaignez pas les vœux d'un sim-

ple Moscovite, venez demain, vers deux
heures, au Grand-Hôtel, où je suis descendu. Vous demanderez le prince Brinde-
zingarinn. »

Allez ensuite prendre tranquillement une
demi-tasse au café qu'on a inſtallé dans la
cour de l'hôtel. Si vous ne voyez pas arriver,
d'un pied léger, la femme adorée dont la vertu
vous inspire des doutes, c'eſt qu'en effet vous
l'avez retirée de l'abîme où elle se plaisait
quotidiennement à tomber. Mais vous la
verrez arriver, soyez-en sûr, à moins qu'elle
n'ait pris des leçons de Jarnac lui-même &
qu'elle ne pressente le coup, auquel cas, allez
trouver une des douze vieilles femmes qui ont
été condamnées, l'année dernière, pour avoir
mis leurs cheveux blancs au service de petites dames blondes; & en ayant bien soin
de vous présenter comme un Danubien de
passage à Paris, demandez-lui de vous ménager une entrevue avec votre propre amante.
Il eſt évident que si la femme âgée vous répond :

— Monsieur, rien de plus facile, c'eſt une de nos meilleures clientes.

Vous n'avez pas besoin d'en savoir davantage. Le moyen eſt sûr. Il eſt à la portée de toutes les âmes sensibles. Eh bien! les hommes même les plus violemment torturés par le tire-bouchon de la jalousie, aiment mieux reſter dans cette pénombre qui n'eſt pas absolument la confiance, mais qui n'eſt pas non plus tout à fait la désillusion, que d'éclairer brusquement leur situation d'une si vive & d'une si facile lumière. Et ils continuent à jeter leur argent par toutes les fenêtres & à mourir sur toutes les pailles pour des femmes dont ils défendent à cor & à cri les sentiments d'honneur, quand il serait si facile d'avoir les preuves matérielles de leur dévergondage.

La famille de la dame assassinée dans la forêt de Fontainebleau va, dit-on, intenter à la condamnée un procès civil en reſtitution des sommes retirées par elle du Comptoir d'escompte à l'aide de chèques falsifiés. Il me semble que, de son côté, le jeune adorateur, si parfaitement trahi, pourrait demander à la famille Mertens tout l'argent qu'il a pu engloutir dans sa liaison avec une femme qui a commis des faux à sa manière, puisqu'elle lui faisait accroire qu'elle était honnête, tandis qu'elle ne l'était pas. Rien n'eſt désobligeant comme d'apprendre que la pièce qu'on vous a servie comme inédite a déjà eu sur un autre théâtre un grand nombre de représentations, d'autant plus que ce sont rarement là des spectacles gratuits & non *gratis*, comme, on l'a fait remarquer, le gouvernement persiſte à l'écrire sur les affiches le 15 août, ce qui eſt une faute que nous lui pardonnerions volontiers, du reſte, s'il n'avait commis que celle-là. Ce qu'on ignore assez généralement, c'eſt que ce spectacle soi-disant gratis ou gratuit, ne l'eſt pas pour tout le monde, & qu'il eſt devenu excessivement onéreux pour plusieurs des directeurs qui sont forcés de le donner.

Vous croyez, par exemple, que c'eſt l'État qui vous offre la *Biche au bois* à la Porte-Saint-Martin & *Cendrillon* au théâtre du

Châtelet. Erreur excusable, mais manifeſte. La *Biche au bois* fait tous les soirs des recettes de six mille francs, *Cendrillon* dépasse huit mille. Or, savez-vous combien les théâtres reçoivent pour cette représentation du 15? Chacun d'eux touche une rémunération de deux mille cinq cents francs. De sorte qu'à eux deux seulement les directeurs du Châtelet & de la Porte-Saint-Martin font cadeau au pouvoir d'une somme qui va au-delà de sept mille francs. Si, après cette saignée, ils n'avaient pas pour les fêtes nationales un enthousiasme indescriptible, c'eſt donc qu'ils n'auraient pas le cœur vraiment français.

Je dois dire, cependant, que si je me décidais à offrir une fête, je tâcherais que mes invités ne fussent pas forcés d'en solder même partiellement l'addition.

— Combien payez-vous l'enthousiasme? dit Odry au sous-préfet des *Saltimbanques*. Je n'ai jamais eu, pour ma part, grande eſtime pour l'enthousiasme qui va émarger à chaque fin de mois, mais si je consens à ce

que mon enthousiasme ne me rapporte rien,
je ne serais pas non plus très-flatté qu'il me
coûtât quelque chose.

———

2 septembre 1867.

Je n'ai qu'un regret, mais il eſt vif, c'eſt de
voir que l'Angleterre arme un nombre ridicule de canonnières pour aller détrôner le roi
Théodoros d'Abyssinie. J'avoue ma faiblesse,
j'aimais cet homme. Ce n'eſt pas un souverain comme les autres, qui ne peuvent pas
changer de linge sans faire intervenir la Providence; qui disent à leurs peuples :

— Vous savez, je vous aime de tout mon
cœur; mais en attendant que je donne ma vie
pour vous, vous seriez bien aimable de donner la vôtre pour moi.

Et une foule de phrases sentimentales qui
signifient tout ce qu'on veut. Non, le souverain de toutes les Abyssinies n'y met pas tant
de façons. L'idée lui eſt venue un jour d'épou-

ser la reine d'Angleterre. Il a aussitôt fait mander dans l'ajoupa qui lui sert de palais, trois voyageurs anglais, dont un consul, qui s'amusaient à ramasser des coquillages sur le bord de la mer :

— Messieurs, leur a dit ce noir, je suis en âge de m'établir. Je voudrais épouser la reine d'Angleterre. Envoyez-lui ma photographie en lui faisant savoir que je lui demande sa main.

Vainement les trois voyageurs, dont un consul, ont fait observer à ce mari de onze mille négresses que la reine d'Angleterre était trop récemment veuve pour songer à épouser ainsi un homme qu'elle ne connaissait pas; que d'ailleurs la Chambre des lords & même celle des communes ne verraient pas cette union sans un certain déplaisir, le roi Théodoros leur a fait cette réponse pleine de sens :

— Vous me donnez là des raisons excellentes; c'eſt pourquoi je vais vous calfeutrer dans les cachots de la ville & vous y retenir jusqu'à ce que la reine Viéoria ait consenti à me prendre pour époux. C'eſt simple comme la grammaire de l'Européen Lhomond.

Voilà ce que j'appelle un roi qui suit une politique arrêtée. Il n'a pas fait de ces vaines menaces qui, presque toujours, aboutissent à des excuses. Il a simplement fait conduire ses trois invités dans le cachot promis, &, depuis cinq belles années, il les retient en otages, dans l'espérance peu fondée que la reine d'Angleterre se décidera, même au prix d'une mésalliance, à racheter ses trois sujets du plus insupportable des esclavages.

Mais la patience a des limites, même quand elle eſt d'étoffe anglaise. Les sujets de S. M. Britannique ont résolu de mettre fin aux obsessions de cet amoureux transi quoique brûlé, en allant eux-mêmes délivrer leurs compatriotes. Malheureusement, on craint que le bruit de cette expédition ne soit le signal de leur massacre. De sorte que ces infortunés flottent dans cette douce alternative de voir mutuellement leurs têtes danser sur le fil d'un sabre, comme la toupie de l'escamoteur du cirque japonais, ou d'être obligés d'écrire à leurs amis :

« Rengaînez votre expédition. Les uns préfèrent le trépas à l'esclavage ; nous, c'eſt le contraire. Nous sommes viĉtimes des plus affreux traitements & nous mourons de faim ; mais nous tâcherons de nous y habituer. »

S'ils doivent en effet tomber sous les coups de leur persécuteur, à la première tentative faite pour les délivrer, mieux vaut encore les abandonner à leur sort misérable. Il y aurait bien pour la reine Viĉtoria à prendre une résolution qui ne manquerait pas de grandeur, ce serait de déclarer en plein Parlement que, ne découvrant pas d'autre moyen de sauver trois de ses sujets, elle consent à épouser le nègre. Je propose là une solution qui ferait faire vingt-cinq culbutes à tout bon Anglais, & si quelque chose eſt certain, c'eſt que la ville de Londres se tordrait dans des rires convulsifs le jour où la reine recevrait des trois prisonniers de Théodoros une lettre dans ce genre :

« Madame,

« On vous a trompée sur Théodoros, c'eſt un garçon très-aimable. Il a quelquefois des lubies, comme par exemple de couper la tête à son premier miniſtre & de se faire de la peau une descente de lit, mais ce n'eſt pas ce qu'on peut appeller une mauvaise nature, & il ne demande qu'à vous rendre heureuse. Au nom du ciel, épousez-le, Madame, & vous aurez rendu la vie à trois de vos fidèles serviteurs que vous aimez tant, à ce que vous dites tous les ans dans les discours du trône. »

Les trois prisonniers auraient cependant raison. Les rois se sont toujours fait passer pour les pères de leurs sujets. Voilà une magnifique occasion de prouver que cette locution n'eſt pas purement adverbiale. Qui de nous, en effet, sachant que trois enfants à lui sont entre les mains d'un être féroce, qui peut les faire éventrer d'un moment à l'autre, ne consentirait pas, pour les arracher à cette position affreuse, à épouser je ne dis pas seulement une négresse, mais la reine des guenons? Enlevez à une mère trois de ses fils & offrez-lui de les lui rendre à la condition qu'elle partagera la couche du premier cloporte qui vous tombera sous la main, elle acceptera bien vite en donnant encore comme appoint les marques de la joie la plus vive.

Mais il faut avouer que la partie n'eſt pas égale & qu'il eſt bien dur, dans le domaine politique, de voir ceux qui s'intitulent eux-mêmes nos pères, se sacrifier si rarement pour leurs enfants. Or, c'eſt ordinairement le contraire qui se produit dans les familles. Il eſt donc particulier que les langues européennes continuent à décorer de ce doux nom de pères des personnages qui comprennent parfaitement que nous donnions notre sang pour eux, mais qui ne donneraient seulement pas leur main pour nous.

Il ne résulte pas moins de cette expédition

en partance pour l'Abyssinie, que les Anglais
ne reculent devant aucune dépense, comme
disent les affiches de spectacle, pour arriver à
la délivrance de trois de leurs compatriotes.
Je suppose que trois Français soient prisonniers d'un chef africain, on ne rassemblerait
pas dans les quatre-vingt-neuf départements
soixante-quinze francs pour aller les tirer de
là. Nous possédons un patriotisme spécial
qui fuit quand on l'appelle. Les Anglais
avaient fondé par souscription un prix de
cent vingt-cinq mille livres sterling au voyageur qui trouverait le passage au Nord-Ouest,
c'est-à-dire le moyen d'aller par la route du
Pôle en vingt jours au Japon.

Cette prime de trois millions cent vingt-cinq
mille francs a été gagnée par l'illustre James
Parry, &, depuis ce grand événement géo-
graphique, plus de vingt expéditions, entre
autres, celle de John Franklin, sont parties
d'Angleterre pour tenter le passage du pôle.
Cette immense découverte, qui constituerait
une des pages les plus glorieuses de la nation
qui l'aurait faite, n'a jamais reçu chez nous le

moindre encouragement. Depuis environ six mois, M. Lambert, ingénieur hydrographe des plus diftingués, a ouvert une souscription deftinée à couvrir les frais de cette aventure, bien autrement intéressante que les inutiles coups de canon de ces dernières années.

Il faut à M. Lambert, pour mettre toutes les chances de son côté, trois millions au plus. Depuis que la souscription eft ouverte, il n'a pas encaissé cent mille francs.

Or, savez-vous à quoi répondent trois millions, en temps de guerre? Étant donné le nombre des coups, tant de fusil que de canon, à tirer pour abattre un homme; si d'autre part on additionne le chiffre des soldats à équiper, à transporter & à nourrir, trois millions représentent environ cinquante Prussiens tués ou blessés. Eh bien! si vous voulez, au prochain conflit, on mettra à la caisse d'épargne les hommes, les canons & les gargousses nécessaires à la mort de ces cinquante Allemands, & une fois la paix signée, nous aurons peut-être la somme suffisante pour traverser le pôle arctique. Il eft vrai qu'il y aurait cinquante Prussiens de plus sur la terre, mais ce n'eſt pas là un de ces malheurs dont une grande nation comme la nôtre ne puisse se consoler.

---

5 *septembre* 1867.

Soulouque vient de mourir, & nous qui ne voyons guère disparaître un hippopotame peu intelligent ou décéder une lionne en couches, sans lui consacrer plusieurs articles nécrologiques, nous avons enseveli dans nos journaux, sous deux maigres lignes de faits divers, cette grande figure hiſtorique qui reſtera une des plus saillantes du siècle, & qui en tout cas méritait bien qu'on lui rendît à ce moment suprême les honneurs biogra-phiques accordés jadis au dernier soupir de Jocko.

Si les peuples étaient intelligents, ils met-traient tout simplement feu Soulouque parmi les conſtellations. Etant donné que le ridicule

tue en France & à Haïti, ce monarque a
rendu aux générations futures le plus signalé
des services en tuant le despotisme qu'il a en
effet pratiqué avec un succès de comique si
incontefté. Jusqu'ici le régime du sabre avait
paru odieux & funèbre, lui seul a trouvé
moyen de l'égayer au-delà de toute expression.
Cet homme fut un vaudeville couronné. Ima-
ginez-vous au théâtre du Palais-Royal un
Soulouque joué par Brasseur chantant une
ronde d'Offenbach en compagnie de son premier miniftre Gil Perès, tout nu avec un
portefeuille sous le bras, & vous avez deux
cents représentations sans compter les reprises.

Louis XIV se brouillant avec le grand Tu-
renne, qui, en lui passant un matin la che-
mise, lui avait effleuré l'épaule avec la frange
d'or d'un de ses parements, n'était pas beaucoup moins étonnant que l'empereur d'Haïti
attachant à son chapeau de sergent de ville
un panache de trois cents mètres ; mais
Louis XIV, qui manque essentiellement de
gaieté, impose encore aux masses par la gra-

vité de son attitude, tandis que l'autre, le souverain en gutta-percha, qui, chassé du trône, disait en secouant les arbres de la route :

« — Le coco de l'exil eſt amer à la bouche, » éveille dans l'esprit des masses une idée de délassement comique deſtinée à faire le plus grand tort aux autres monarques, qui s'étaient considérés jusqu'à nos jours comme si parfaitement sérieux.

J'ai connu plusieurs personnes qui avaient vu à l'œuvre ce souverain de l'autre côté de l'eau, & j'ai raconté ailleurs comment moi-même, au début de ma carrière chroniquante, j'avais failli recevoir de ses mains potelées la décoration qu'il avait fondée & qu'il appelait naïvement l'ordre de la Légion d'honneur. Une énergie surhumaine m'avait seule sauvé de ce danger, un des plus grands que j'aie couru de ma vie. Mais j'ai profité des bonnes dispositions de ce potentat à mon égard pour subtiliser quelques traits de mœurs qui portent avec eux leur enseignement gratuit & obligatoire.

Entre autres inventions dont la poſtérité eſt appelée à se gaudir, ses flatteurs avaient trouvé la suivante : vers les dernières années de son règne, alors que l'affeſtion de ses peuples commençait à marquer au soleil deux degrés au-dessous de rien du tout, le vieux Soulouque aimait à aller visiter ses provinces, afin de réchauffer l'enthousiasme, qui se frappait, comme du champagne, chaque jour davantage. Afin donc, & c'eſt ici que la courtisanerie haïtienne mérite une première médaille à l'exposition des platitudes, afin donc que ses vieilles oreilles ne fussent pas affligées par le morne silence qui accueillait partout son passage, on avait adapté aux roues de son wagon un appareil sonore qui criait : Vive l'empereur ! pendant tout le temps que le train était en marche. Enfoncé dans son compartiment, Soulouque était persuadé que ces acclamations continues sortaient du gosier reconnaissant de ses fidèles sujets. Ému jusqu'aux larmes, il jetait quelquefois par la portière en criant : « Tenez, braves gens ! » des pièces de monnaie que le

chauffeur, le mécanicien & le premier miniftre se partageaient sans rien dire, tandis
que Sa Majefté rentrait dans sa capitale convaincue qu'elle était plus forte & plus adorée
que jamais.

Voilà comment les souverains ne peuvent
jamais savoir la vérité ; il eft vrai que Soulouque aurait probablement fait fusiller le
premier qui se serait permis de la lui apprendre. Notre pays n'en a pas moins commis
une réelle injuftice en regardant passer avec
une si complète indifférence le convoi funèbre
de ce souverain déchu. Si quelqu'un a jamais
eu des titres sérieux à la reconnaissance des
hommes libres, c'eft certainement Soulouque.
Il a déconsidéré la noblesse en donnant à ses
gentilshommes ordinaires des titres trouvés
dans le manuel du parfait confiseur.

Il a démonétisé les plumets en coiffant ses
grands dignitaires en simples chicards.

Il a réduit l'uniforme, cet uniforme qui
gouverne tout en France, à l'état de contre-
façon du coftume de l'amiral suisse de *la Vie
parisienne*.

Enfin il a fait de ces décorations, dont la chasse eſt aujourd'hui toujours ouverte , une quincaillerie dont le fer-blanc ne peut que rejaillir sur tous les crachats connus & sur toutes les plaques européennes, fussent-elles en diamants.

Tel eſt l'inventaire politique de l'ex-empereur de Haïti. Trouvez-moi donc un écrivain, un philosophe ou un moraliſte qui mérite plus que lui la reconnaissance des gens, par malheur de moins en moins nombreux, qui croient que rien n'eſt plus profitable au progrès de la civilisation que de voir ridiculiser ce qui eſt, en effet, ridicule.

Avant-hier, cependant, à la première de la reprise de *Peau-d'Ane,* je me disais à part moi que les gens ridicules sont peut-être ceux qui ne sacrifient pas au Dieu panache, puisque le grand succès des pièces eſt maintenant pour les faiseurs de tours, les clowns & les déguſteurs de sabres. Ce sont les sauteurs anglais, qui, ce soir-là, ont emporté tous les suffrages. Je crains que le théâtre ne se réduise actuellement à ceci : L'amoureux marchera-t-il asséz longtemps sur les mains pour rattraper le traître qui s'eſt lâchement enfui sur la tête?

Je suppose qu'au lieu de venir à Alexandre Dumas en 1832, l'idée de la *Tour de Nesle* eût surgi vers 1867 dans son puissant cerveau : il eût peut-être été obligé, sous peine de four, de faire de l'impitoyable Marguerite une princesse passionnée pour la gymnastique & qui alors qu'elle était jeune fille & que la Bourgogne était heureuse, aimait à se débarrasser du fardeau des grandeurs pour se livrer aux exercices de la femme à la perche.

Rachel, au lieu de prendre des leçons de Samson, en aurait demandé aux frères Price, & madame Dorval accompagnerait maintenant sur le violon les déclarations d'Antony.

On a tellement répété que le théâtre était fait pour les yeux, que les auteurs en ont supprimé tout ce qui pourrait rentrer dans le domaine du cerveau. La grande queſtion eſt d'avoir autant que possible, dans un ouvrage dramatique, un homme qui avale avec leur coquille des œufs fraîchement pondus & qui les rende.sans les casser. Je n'ai pas mission de sonner le tocsin littéraire, mais je vous assure que c'eſt effrayant. Les auteurs de leur côté prouvent, addition en main, que plus il y a dans une pièce d'artiſtes avalant sans les casser des œufs fraîchement pondus, plus la location donne, & que c'eſt, non leur faute, mais celle du public, s'ils ont été obligés d'introduire peu à peu dans leur dialogue ces éléments qui jusqu'ici étaient reſlés modeſtement dans les poulaillers.

Il n'y a pas grand'chose à répondre à ce raisonnement; mais la situation n'en eſt que plus triſte. Si, en effet, le théâtre eſt l'image de la vie & la photographie de la société, il faut avouer que nous sommes d'agréables saltimbanques. Dans un temps donné, les miniſtres plénipotentiaires des puissances circonvoisines n'oseront plus se présenter chez nous que comme les Arabes du théâtre International, c'eſt-à-dire avec une épée nue en équilibre sur le nombril, & au lieu de verres d'eau sucrée nos députés auront, à portée de leur main, plusieurs charbons ardents qu'ils s'amuseront à prendre entre leurs dents à l'appui de leur argumentation.

Je crois que Soulouque eft mort à temps : le malheureux n'aurait probablement pas résifté à de pareils speétacles.

———

7 septembre 1867.

Saint Paul allant prendre l'air sur le chemin de Damas, ville renommée pour sa coutellerie, n'a pas été illuminé plus subitement que moi lorsque j'ai lu la lettre écrite à *la Liberté* par M. Francis Monnier, l'ex-précepteur du prince impérial. M. Monnier attribue son départ des Tuileries à des jalousies & à des calomnies de toute espèce. Il y a là toute une révélation. Nous avions tous pensé qne, s'il y avait au monde un immeuble où régnaient la vertu la plus pure & le désintéressement le plus complet, c'était le palais des rois. Je comprends la dispute de made-

moiselle Schneider & de mademoiselle Silly.
J'admets qu'aux Folies-Dramatiques la petite
Flamèche envoie des lettres aux journaux de
théâtre contre la grosse Boulingrin, qui a
essayé de lui enlever un rôle & de lui subtiliser un amant. Mais quoi! dans le sanctuaire
même, dans l'Olympe en personne, des con-
currences de métier, des querelles de sérail!
L'air embaumé des cours coûtant fort cher à
entretenir & à renouveler, n'a de raison d'être
qu'autant qu'il rend meilleurs ceux qui y
vivent. Si, au contraire, là comme ailleurs
les amours-propres se livrent des combats &
les intérêts se donnent des tournois, autant
habiter rue Guérin-Boisseau un cinquième
sur le derrière.

Les aveux de l'ancien précepteur du prince
impérial sont d'autant plus importants que
toutes les étoiles, de la première à la quin-
zième grandeur, qui tourbillonnent autour
du pouvoir, ne perdent jamais une occasion,
comme l'a fait M. Monnier lui-même, de pro-
tefter de leur dévouement. Les gens qui em-
ploient avec une facilité aussi déplorable ce

mot sacré se gardent bien de raconter au public que, dans les dix-neuf vingtièmes des cas, ce dévouement consiſte pour eux à occuper une excellente place qui leur procure de magnifiques appointements. Et, quand un ami leur fait compliment sur leur brillante situation, ils ne se gênent même plus pour lui répondre :

— Je suis très-dévoué. Il eſt bien juſte que je sois payé plus cher que ceux de mes collègues qui sont moins dévoués que moi.

Je conseille à M. Littré, dans la seconde édition de son magnifique diǎionnaire, de modifier ainsi la définition de ce mot, passé aujourd'hui à l'état de four banal :

Dévouement. — Métier qui ne coûte pas grand'chose & qui rapporte beaucoup.

Niez donc les progrès de la langue : ce même mot avait autrefois un sens absolument contraire. Pendant l'émigration, le marquis de Rivière mangea cinquante mille livres de rentes au service de la cause des Bourbons, sans avoir voulu jamais accepter d'autre récompense qu'un petit portrait du comte d'Artois, depuis Charles X. Surpris à Paris avec ce fatal portrait sur son cœur, il fut englobé, sur cette preuve unique, dans la conspiration de Georges Cadoudal, & condamné à mort pour la cause à laquelle il devait déjà sa ruine. Voilà du dévouement. Aujourd'hui, quand un monsieur eſt dévoué, il se hâte d'écrire à une feuille du soir, en la priant de publier cette grande nouvelle dans son plus prochain numéro. J'attends le moment où nos grands dignitaires mettront, moyennant trois francs la ligne, à la quatrième page des journaux, à l'inſtar d'un marchand de chocolat bien connu :

LE MEILLEUR DÉVOUEMENT EST LE DÉVOUEMENT PERRON.

Il eſt vrai qu'après avoir crié : au dévouement! tant qu'ils sont en place, ils crient : à l'ingratitude! dès qu'ils n'y sont plus. Car, entre autres professions nouvellement introduites en France, nous avons celle de disgracié. On apprend un jour que Péchinard, qui était miniftre, vient d'être nommé sénateur & grand officier de la Légion d'honneur avec des émoluments de trente mille livres, tout le monde se dit :

— Tiens! mais c'eft une disgrâce!

Péchinard lui-même crie comme un brûlé, encaisse ses trente mille francs & trouve encore moyen de se faire plaindre. La malheureuse position des disgraciés d'aujourd'hui me rappelle celle de cet enfant qui récriminait amèrement contre son père, lequel, pour le punir, le forçait à prendre un bouillon le matin, à midi deux plats de viande, un légume, un dessert & une demi-bouteille de bordeaux. Le soir, redoublant de barbarie, le père dénaturé le forçait à s'asseoir à une table ronde où, malgré ses cris, on lui servait un potage, un poisson, une perdrix aux choux, un gigot rôti, des artichauts barigoule, coupés çà & là, pour comble de cruauté, d'entremets fucrés & de sorbets au marasquin.

— Après m'avoir traité de cette façon, ajoutait le jeune homme, savez-vous ce que fait mon père? Il me donne de l'argent & me met à la porte en me disant d'aller me promener jusqu'à deux heures du matin au plus tard. Suis-je assez à plaindre ?

Tels sont les disgraciés de 1867. Aussi j'ai beau retourner mon cœur dans tous les sens, je ne peux pas arriver à m'apitoyer sur leur sort; & comme je me plais à supposer qu'une partie du public eſt de mon avis, je leur conseille d'éviter à l'avenir de publier des lettres sentimentales qui feraient peut-être pleurer les rochers, mais qui font rire les Parisiens.

Il eſt vrai que ceux-là mêmes qui affichent le plus profond mépris pour la presse se hâtent d'écrire aux journaux quand ils sont seulement désignés ou même quand ils ne le sont pas. Ainsi je ne me suis pas plus expliqué que mon confrère Jules Richard, de quel droit les officiers de paix se mettent à envoyer à M. le préfet de police des articles contre la liberté de la presse. *L'Époque* s'en prend aux sergents de ville & ce sont les officiers de paix qui répondent. La première fois que nous nous attaquerons aux quincaillers, attendons-nous à recevoir une lettre des syndics de la boulangerie.

Les officiers de paix demandent qu'on exerce des poursúites contre la rédaction de *l'Époque*. Il eſt particulier & passablement blessant pour le préfet dé police & le procureur impérial que ce soient précisément leurs agents qui leur indiquent ce qu'ils ont à faire. J'avais pensé jusqu'à ce jour qu'un officier de paix était un homme vêtu d'un habit noir à collet brodé blanc, dont les fonctions consistaient surtout à contenir la foule, les jours de fête, & à crier de temps en temps : Circulez, messieurs, circulez !

Je savais aussi que ces agents subalternes étaient quelquefois chargés de monter, sur les minuit, minuit & demi, dans les maisons de jeu clandeſtines où se tiennent des femmes suspectes déjà condamnées pour détournement de mineurs & retournement de rois. Mais j'ignorais que, sous le képi de l'employé de police, se cachât le jurisconsulte & le littérateur.

Remarquez que si les officiers de paix, qui

n'ont pas qualité pour prendre la parole, s'a-
musent à écrire des lettres contre les journaliftes, les journaliftes se trouveront dans la
dure nécessité de monter dans les maisons de
jeu au lieu & place des officiers de paix. Ma
besogne ne m'amuse pas beaucoup, j'avoue
cependant que celle-là me déplairait encore
davantage.

Je sais bien qu'à la place du préfet de police, je tancerais vertement mes subordonnés,
qui se permettent de faire des phrases, quand
ils ont pour mission unique de veiller à la sûreté de la bonne ville de Paris. Je suppose
que, dans *la Tour de Nesle,* au lieu de crier
à la fin du premier acte :

— Il eft minuit, tout eft tranquille, Parisiens dormez.

Le veilleur de nuit eût écrit au sire En-
guerrand de Marigny pour se plaindre d'un
gazetier de l'époque, la pièce y eût perdu un
effet énorme, & Marguerite de Bourgogne
aurait probablement profité de ce manque de
surveillance pour faire égorger cinq ou six
hommes de plus.

Que les officiers de paix rentrent donc dans leurs attributions, en nous laissant dans les nôtres, & qu'ils résiſtent énergiquement désormais à cette maladie qu'ont maintenant tous les employés, de croire qu'on ne peut plus discuter la qualité de leurs gilets de flanelle sans attaquer la Conſtitution.

10 *septembre* 1867.

La liſte, tirée du nouveau livre de M. Hostein, des pièces aꞔuellement interdites, après avoir été autrefois autorisées, ferait réfléchir jusqu'au dernier des Abencerrages. Elle établit en effet deux choses : 1° que plus nous avançons en âge, plus nous sommes mal élévés, puisqu'on eſt obligé de nous défendre aujourd'hui ce qu'on nous permettait il y a quelques années ; 2° que la loi n'autorise qu'une censure, mais que nous en avons deux, puisque, indépendamment de celle qui interdit la représentation des ouvrages nouveaux, il en existe une autre qui s'oppose à la reprise des ouvrages anciens.

C'est là véritablement faire trop bien les choses. Optons, au nom du ciel! optons. Du moment qu'une pièce autorisée peut subir l'interdiction absolument comme si elle ne l'était pas, autant supprimer une bonne fois cette autorisation préalable, qui n'autorise rien du tout. Pour se faire une idée de la situation du théâtre actuel, il faut se figurer un montreur d'ours qui écrirait sur sa baraque :

PAR PERMISSION DE M. LE MAIRE

Le spectacle de ce soir est expressément interdit.

Un dentiste, débordant d'enthousiasme, s'est écrié un jour :

N'arrachez pas, guérissez!

La censure préventive arrache, mais il paraît qu'elle ne guérit pas, puisque, après l'opération, elle se voit encore si souvent obligée de supprimer le sujet. Ces inconséquences prouvent surabondamment que, pour cent cinquante mille motifs plus concluants les uns que les autres, l'examen préalable des ouvrages dramatiques eſt une des causes principales de l'abaissement du niveau littéraire dans notre beau pays où on finira par ne plus trouver un seul niveau présentable.

En dehors des trois jours qu'on a appelés jours gras, sans doute par suite de l'état dans lequel eſt ordinairement le pavé à cette époque, un citadin ne peut se promener dans les rues, coſtumé en débardeur en chicard ou en clodoche. Pourquoi? je l'ignore; & quel préjudice peut causer à ses concitoyens un homme vêtu en clodoche plutôt qu'en conseiller d'État? je serais bièn embarrassé de l'expliquer, & je crois que l'autorité elle-même aurait besoin d'un *communiqué* d'une dizaine de colonnes pour éclairer nos lecteurs à ce sujet, mais enfin l'ordonnance de police eſt là : vous pouvez sortir en habit noir avec quatre-vingt-onze décorations à votre bou-

tonnière, vous ne pouvez pas sortir déguisé
en pain de sucre ni même en nourrice!

Eh bien! quelles clameurs ne jetteriez-vous
pas si tous les matins la population parisienne était appelée à la préfecture de police,
qui passerait en revue nos différents vêtements afin de décider si rien ne s'oppose à ce
qu'on en permette la libre circulation.

Remarquez que la censure préalable ne fait
pas autre chose. Au lieu de dire à une femme
du monde :

— Madame, vous avez une robe vert-pomme
qui pourrait amener quelque scandale dans
Paris, veuillez l'envoyer immédiatement chez
le teinturier.

Elle dit à un auteur :

— Monsieur, voilà une scène qui nous paraît de nature à agiter la salle : nous vous
prions de vouloir bien la remplacer par un
couplet de facture sur l'asile du Vésinet.

La femme du monde répondrait :

— J'en suis désolée, mais j'attendrai pour
faire teindre ma robe que le scandale se soit
produit.

— Vous êtes bien bon pour moi, pourrait à son tour répliquer l'auteur ; mais si la salle eſt agitée, nous le verrons bien, & il sera temps alors de modifier la scène ou de faire disparaître la pièce.

La censure ayant pour objet capital le maintien de l'ordre & des bonnes mœurs, rien n'eſt facile, en poussant le syſtème un peu loin, comme d'arriver à la démence. En effet, la commission d'examen peut demander à une aᵴtrice de supprimer ses jambes sous prétexte qu'elle cédera peut-être à la tentation de les montrer, & les ténors envoyant quelquefois des regards expressifs aux dames des avant-scènes, il faudrait exiger qu'ils se fissent crever les yeux avant d'entrer au Conservatoire.

Telle eſt la censure préventive, sur laquelle nous insiſterions moins, si elle n'éteignait pas les intelligences les mieux allumées. On n'a jamais appris à nager dans une baignoire. Un auteur entre maintenant dans son manuscrit comme un voleur qui s'introduit dans une église & passe son temps à tourner au-

tour des piliers de peur d'être surpris & de-
viné par le bedeau.

Quand un épervier se sent en cage, il n'essaye même pas de s'envoler, ce qui ne veut
pas dire qu'il ne rattraperait pas l'équipage
du *Géant,* si on le posait seulement cinq minutes sur le dôme des Invalides.

Sur la base de la censure telle qu'on la pratique chez nous, il faudrait briser à jamais
tous les vases nocturnes sous prétexte que
trois jeunes Anglais de passage à Dinan ont
trouvé comique de coiffer d'un de ces accessoires la ſtatue de Duguesclin qui orne la
grande place de la ville. S'il faut en croire le
procès qui s'en eſt suivi, cet acte anti-fran-
çais aurait pénétré d'une juſte indignation
toutes les tables de nuit d'alentour. Les trois
coiffeurs ayant déserté le lieu du crime,
toutes les gendarmeries de la sous-préfecture
ont été mises sur pied. Les photographies des
malfaiteurs & un peu celle du vase de nuit
ont été envoyées dans diverses directions.
Enfin, après trois jours de recherches bien
plus actives que pour Dumollard, qui a tué

des bonnes pendant huit années consécu-
tives, un des trois jeunes Anglais a été appréhendé au corps & traîné dans les prisons de
la ville au milieu d'une foule qui voulait lui
appliquer, séance tenante, la loi de Lynch.

Que les habitants de Dinan poursuivent de
leurs imprécations un jeune homme auteur
d'une farce à la Romieu, il n'y a rien là d'absolument surprenant, les foules se composant
d'ordinaire de trois parties d'imbéciles sur
quatre. Mais ce qui me fait craindre que nous
ne donnions à la libre Angleterre une maigre
idée de notre façon de comprendre les plaisanteries, c'eſt la façon solennelle avec laquelle on a condamné cet infortuné fils d'Al-
bion à quinze jours de prison. Joseph Prud-
homme manquait à la fête. Le subſtitut a
profité de la présence de cette casquette à anse
recourbée pour prendre une éclatante revanche de la bataille de Waterloo. Il a eu des
phrases émues pour rappeler nos victoires sur
les Anglais, depuis les commencements de la
royauté jusqu'à nos jours! C'eſt en paroles
extraordinairement senties qu'il a comparé

notre grandeur d'âme avec les vases de nuit que tous les ennemis de la France essaieraient vainement de lui opposer.

Une seule chose m'a laissé perplexe dans cette affaire, dont il serait malpropre de faire ressortir la gravité. Le vase était-il en porcelaine ou seulement en faïence? S'il était en porcelaine, la situation est toujours très-délicate; mais enfin, avec une indemnité d'une trentaine de millions que le gouvernement de la reine Victoria nous accorderait en réparation de l'insulte faite à notre pavillon, l'épée peut encore rester au fourreau. Mais s'il était en faïence, je doute que notre honneur puisse se tirer de ce mauvais pas à moins de cinquante mille hommes tués ou blessés.

24 septembre 1867.

Les matériaux de l'Exposition universelle ayant trouvé, à l'inftar de Ravel, un engagement en Russie, la démolition totale du temple où on paye en entrant eſt irrévocablement décidée. Le Champ de Mars va reprendre ses attributions, c'eſt-à-dire que le congrès de la paix va s'y trouver remplacé par le congrès de la guerre, & que là où le génie humain avait inſtallé des fabrications de chapeaux inſtantanées & des cartes de visites à la minute, des soldats vont de nouveau faire la manœuvre, sous les ordres d'un sergent-major, qui leur criera d'une voix douce :

— Eh ! vous là-bas, le numéro 4, rentrez-moi donc un peu ce ventre-là, ou je le fourre à la salle de police avec son propriétaire.

Si j'osais exprimer une opinion sur la classe trop calomniée des bonnes d'enfants, j'ajouterais qu'il ne sera pas sans gloire pour elles de donner rendez-vous à leurs militaires sur l'emplacement où s'élève encore aujourd'hui le palais bâti par le vice-roi d'Égypte, & de moucher les moutards confiés à leurs soins à l'endroit même que M. de Lesseps a choisi pour démontrer par un plan en relief que les actionnaires de l'iſthme de Suez auront encore à effectuer un certain nombre de versements avant d'aller faire des pleine-eau dans la mer Rouge.

Au point de vue matériel, il ne reſtera donc bientôt plus rien de cette Convention nationale des locomotives à musique & des machines à couper le beurre. Au point de vue moral & scientifique, j'ai bien peur qu'il n'en reſte pas davantage. Ce qui ressort surtout de cette grande épreuve, c'eſt que le peuple français préfère de beaucoup la vue du géant chinois & la conversation du bon Sallot, dit *Casque-de-fer*, à toutes les inventions de la science unie à l'induſtrie. J'en appelle à toutes les mères, chaque fois qu'un de nous a dit à son compagnon de tourniquet : On parle d'une presse à copier qui opère avec une rapidité hors ligne & une perfection remarquable, allons donc nous rendre compte de son mécanisme.

Oui ou non, ledit compagnon a-t-il répondu :

— Allons donc plutôt au buffet anglais. On dit que les sandwichs y sont excellents

& que les demoiselles du comptoir ne sont pas plus difficiles que si elles étaient françaises.

Il en résulte que dans les expositions induftrielles, la seule chose qui nous laisse froids, c'eft l'induftrie. Nous formons un peuple ami des phénomènes. Le veau à deux têtes l'emportera toujours sur le câble sous-marin ou l'engrais artificiel. Certes, le caoutchouc vulcanisé eft une assez belle chose, mais une femme géante eft encore ce que nous pourrons éternellement offrir de mieux à l'amour des populations. Quand M. Le Play aura besoin d'argent, & jugera à propos d'organiser une nouvelle exposition, afin d'en gagner, je lui conseille de supprimer résolûment toutes ces vitrines & tous ces étalages qui ne sont pas absolument malpropres, mais qui tiennent de la place, & de ne plus tolérer, dans l'enceinte du public payant, que des spectacles véritablement attrayants, comme *l'homme à la patte de homard* & *la femme tigrée,* surnommée Jaguarita par les dames du monde à cause *que,* dit l'affiche, sa peau ressemble tellement à celle d'un jaguar, qu'un riche Anglais la lui a déjà retenue pour s'en faire une descente de lit.

Si M. Le Play veut joindre à ces différentes attractions plusieurs petites citoyennes de Pékin, qui vendront très-cher des chinoiseries achetées au passage des Panoramas, il pourra élever à deux francs le prix d'entrée (cinquante sous en location), ce qui, en doublant ses recettes, lui évitera les cris, les procès & les conteſtations après la diſtribution des médailles.

Il eſt vrai que les géants, qui ont fait beaucoup d'argent à cette exposition, ne feront peut-être pas un sou à une autre, car on ne sait plus comment contenter ce troupeau d'oies plus ou moins sauvages qui conſtitue ce qu'on appelle une grande nation. Les gens qui considéraient comme patriotique & obligatoire de crier, il y a deux mois : Vive l'empereur de Russie ! trouvent très-ridicule que les Génevois crient maintenant de toute la force de leurs poumons : Vive Garibaldi ! car il eſt devenu de mode, dans le monde de ceux qui aiment leur pays pour les places qu'il leur procure & les décorations qu'il leur octroie, de répéter à tous les échos d'alentour que Garibaldi eft un Mélingue, quelques-uns mêmes disent un simple Prifton, qui joue en Europe le rôle ridicule de Jocrisse de la liberté.

Ou Garibaldi eft un ambitieux, & il faut reconnaître qu'il eft de beaucoup le plus fort de tous les intrigants qui émaillent actuellement le continent, puisqu'il n'a qu'à se présenter dans la première ville venue pour y soulever des tempêtes d'enthousiasme;

Ou Garibaldi eft un homme convaincu, &, à une époque où les mensonges se payent si cher, c'eft bien le moins que la sincérité jouisse de quelque considération. Mais le secret de l'antipathie qu'inspire le libérateur de la Sicile à certains grands politiques, c'eft qu'en conftatant les ovations spontanées qui éclatent à sa vue, ils ne peuvent s'empêcher de se tenir à eux-mêmes ce langage décourageant :

— Comment! nous dépensons des sommes folles pour organiser l'enthousiasme. Chaque applaudissement nous revient en moyenne à deux francs cinquante, & il faut les commander par lots de vingt-cinq si nous voulons obtenir une petite diminution. Lui, au contraire, n'a pas seulement dans la poche de son pantalon de toile de quoi fumer un londrès un peu convenable, &, sans débourser un sou, il obtient à la quarantième puissance ces succès qui nous coûtent si cher en nous rapportant, hélas! si peu. Comment diable fait ce condottière?

Il eſt, en effet, assez comique de voir tant de pouvoirs conſtitués dépenser des sommes folles pour chauffer leurs entrées, échelonner sur leur passage de fausses mères qui leur présentent à bénir des nourrissons fabriqués avec de vieux traversins surmontés de têtes de bois, établir des relais pour les cris de joie, les scènes d'attendrissement, le rire & les larmes, pour qu'un monsieur qui part le matin avec l'insouciance d'un bourgeois qui va avec sa famille manger un pâté sur l'herbe du bois de Boulogne, renverse d'un regard toutes ces combinaisons.

On a prétendu que le théâtre eft l'image de la vie; il eft surtout l'image de la politique. L'homme d'État, comme l'acteur, caracole devant un public payant, trop payant par malheur, qui le redemande ou le reconduit. Je me rappelle une pièce des Variétés où jouaient Bouffé & Lassagne. Tout semblait préparé pour le triomphe du vieil artifte, qu'on appelait l'inimitable. Les auteurs lui avaient ménagé ses effets avec la tendresse d'une mère. Lassagne apparaissait uniquement pour donner à son camarade le temps matériel de changer de coftume. Bouffé fut sifflé & Lassagne porté aux nues. Puisse cette leçon profiter aux grands de la terre & aussi aux petits de la terre, qui sont infiniment plus nombreux & non moins intéressants!

J'étais un jour dans la voiture armoriée d'une vieille dame qui avait été charmante, ce qui signifie qu'elle ne l'était plus. A la hauteur du rond-point des Champs-Élysées, le cocher faillit écraser une jeune blanchisseuse qui portait péniblement sur un crochet un monceau de linge sale. La pauvre enfant faillit tomber, &, après avoir retrouvé son aplomb, elle reprit péniblement le chemin de la rivière.

— Vous voyez cette petite, n'eſt-ce pas ? me dit la vieille comtesse. Eh bien ! pour avoir encore son âge & sa jolie figure, je changerais, contre son crochet, mes chevaux, mes voitures, mon hôtel de trois cent mille francs & mes quatre-vingt mille livres de rente. Et je m'engagerais, par-dessus le marché, à porter tous les jours au bateau un paquet de linge deux fois plus lourd & deux fois plus sale que le sien.

Tel eſt Garibaldi. C'eſt un poseur, c'eſt un Mélingue, c'eſt un imbécile, c'eſt tout ce que vous voudrez. Mais demandez aux gouvernements, qui voudront bien être francs une fois par hasard, ce qu'ils ne donneraient pas pour rencontrer des enthousiasmes aussi sincères & aussi désintéressés.

16 *septembre* 1867.

Malines, ville célèbre par ses dentelles &
par ses congrès, partage en ce moment avec
Genève l'attention de la terre & probablement du ciel; bien que la Providence, invitée
tous les ans par M. Dupanloup à venir
prendre part à ces passes d'armes religieuses,
se soit excusée cette fois encore sur son extrême vieillesse & le mauvais état de sa
santé.

Je tiens à ne désobliger en quoi que ce soit
la religion apoftolique & romaine, dans laquelle j'ai été mal élevé, c'eft possible, mais
enfin élevé. Je veux conftater simplement à
quel point le rôle adopté par l'évêque d'Orléans, dans ces assemblées tumultueuses, eft
difficile à soutenir. Il eft impossible d'ouvrir
un journal de quelque couleur qu'il soit,
blanc, vert ou cuisse de nymphe, sans voir
l'honorable M. Dupanloup qualifié de « fougueux prélat. » Le « fougueux prélat » a pris
le train de cinq heures quarante-quatre. Le

« fougueux prélat » eſt descendu à l'hôtel du *Lion-d'Or*. M. Dupanloup eſt condamné à la fougue à perpétuité. Il eſt maintenant obligé de prendre un ton fougueux pour demander un potage, & s'il commettait la faute de monter à la tribune sans rouler des yeux pleins de colère, tout le monde croirait qu'il a baissé.

A Malines, par exemple, peut-être n'avait-il pas la moindre intention de sortir d'une honnête réserve. Mais on l'avait fait venir uniquement pour être fougueux & il l'a été. Je suppose que tous les matins, en se levant, l'évêque d'Orléans se dit à lui-même :

— Voyons, ce n'eſt pas tout ça. J'ai beaucoup à faire aujourd'hui, je ne pourrai guère être fougueux que de midi à deux heures. Il faudra que je me rattrape demain & que je le sois au moins de onze heures à cinq.

Admettons que, donnant un jour de congé à cette fougue à jet continu, l'honorable prélat écrive les lignes les plus attendrissantes ou prononce les paroles les plus émues, personne n'y prêterait la plus légère attention, & les plus indulgents se contenteraient d'avertir les autres en disant :

— Ce n'eſt pas la peine de le lire aujourd'hui, il n'eſt pas plus fougueux que vous & moi.

Le terrible, c'eſt qu'il en eſt de la fougue comme des exercices sur le trapèze. Il faut aller de plus fort en plus fort sous peine d'être relégué au second plan. Je vois le jour où M. Dupanloup sera obligé de retourner la tête aux enfants de son diocèse en leur appliquant la confirmation.

Il eſt vrai que ce métier de polémiſte coûte généralement moins cher à un évêque qu'à un journaliſte qui peut y perdre sa vie, sa liberté ou sa position, tandis que M. Dupanloup aura beau être regardé comme la fougue en personne, il n'en touchera pas moins ses émoluments, comme il n'en sera pas moins membre de l'Académie française et décoré de la Légion d'honneur, outre que les convenances sociales & religieuses s'opposent à ce qu'il rende jamais raison de ses attaques & que sa position le met, ou à peu près, au-dessus

des lois concernant la diffamation. A ce prix-
là, je m'engage à être fougueux depuis le
matin jusqu'au soir.

M. Veuillot s'eft montré fougueux, lui
aussi, mais non sans quelque courage, il faut
le dire, puisqu'il a payé autrefois de la suppression de son journal les manifeftations de
son tempérament, & que, tout récemment
encore, il s'eft attiré de la part d'Augufte Vil-
lemot, notre maître à tous, trois ou quatre
spirituels mandements, qui ont dû jeter
quelque vinaigre dans le baume tranquille
de sa béatitude & bossuer en plusieurs endroits le fer-blanc de son auréole.

Si, néanmoins, on me permet d'ouvrir ma
pensée à deux battants, je crois que, comme
rédacteur en chef, M. Louis Veuillot n'a pas
été absolument fâché d'avoir une escarmouche
avec *le Figaro*, journal très-lu, afin de nous
forcer à tirer à cinquante mille exemplaires
le titre de *l'Univers*, dont le tirage eft res-
treint. Plusieurs fois déjà la rédaction de
l'Univers, nous avait ce qu'on appelle « agui-
chés. » Elle n'avait même pas dédaigné de

me décocher quelques traits ; mais, dans mon petit intellect, il m'a semblé inutile de donner à nos adversaires les atouts qui étaient dans notre jeu. Un journal, si admirablement rédigé qu'il puisse être, n'a de portée qu'autant qu'il est lu. J'apprends, je suppose, que trois individus réunis dans un dîner au cinquième étage d'une maison de la rue du Puits-de-l'Ermite ont prétendu que j'étais vendu à la Russie. Je ne vais pas m'amuser, n'est-ce pas à rédiger à l'adresse de ces trois diffamateurs ma justification dans *le Figaro?* Je ne veux pas insinuer par cette comparaison toute de fantaisie que *l'Univers* n'a que trois abonnés, mais enfin je suis sûr que, s'il pouvait troquer les siens contre les nôtres, il ne serait pas assez magnanime pour nous prêter la publicité d'une discussion avec lui.

En revanche, un journal avec lequel il serait flatteur d'entamer une polémique, c'est *le Moniteur universel* qui, comme son nom l'indique, répand ses bienfaits aux points les plus opposés de la France. *Le Moniteur* a pris une habitude qu'on ne saurait trop recommander aux sourds-muets, c'eſt de ne pas répondre aux queſtions qu'on lui adresse. Ainsi je parie trois roubles contre une roupie que de ma vie ni de la vôtre, je ne serai éclairé sur le fait suivant que depuis quelques jours j'ai sur le cœur :

Quand M. Kolb-Bernard ou tout autre député, plus toléré qu'agréable, monte à la tribune armé d'un rouleau de papier, *le Moniteur* ne manque jamais de faire remarquer que M. Kolb-Bernard *lit* son discours.

Quand, au contraire, c'eſt M. de Persigny qui occupe la séance au Sénat, *le Moniteur* déclare que l'orateur *prononce* son discours. Bête comme on ne l'eſt pas, j'étais extrêmement surpris qu'un homme qui n'a aucune réputation comme avocat pût ainsi parler sans broncher pendant six colonnes du journal officiel. Il y a quelques jours à peine, j'ai appris que mon innocence avait été indignement surprise & que M. de Persigny avait lu d'autant plus de discours depuis son entrée aux affaires qu'il n'en avait jamais prononcé un seul.

Je signale ce fait à l'honorable ex-miniſtre de l'intérieur, qui a si habilement dirigé les éleſtions de Paris, & je le supplie à l'avenir de corriger lui-même ses épreuves avant de livrer ses paroles à l'impression, afin de ne pas exposer le journal de són choix à l'accusation de propager des fausses nouvelles. En effet, consultez Littré & vous y verrez que prononcer & lire font deux, que dis-je? font quelquefois trois, attendu qu'on ne prononce guère que les discours qu'on a faits, tandis que rien ne s'oppose à ce qu'on lise le discours écrit par un autre.

Du jour où je m'aperçois qu'un journal aussi avant dans les bonnes grâces de l'admi-niſtration s'eſt joué de ma crédulité, j'ai bien le droit de me tenir sur la défensive. Je ne fais certainement pas à M. de Persigny & aux Croisés dont il descend, l'injure de supposer qu'il n'eſt pas de force à rédiger les discours qu'il nous sert deux ou trois fois l'an, mais pour confondre une bonne fois les détraſteurs de son talent oratoire, je l'engage à accepter la proposition que je lui fais ici de se laisser en-

fermer trois jours dans une chambre dont la
clef sera déposée chez un notaire, & d'y écrire
sa prochaine harangue. Je fais serment de le
nourrir d'une façon sinon succulente, au
moins des plus subſtantielles : trois plats de
viande, deux de légumes, dessert assorti. Une
bouteille de vin. Pain à discrétion.

Si M. de Persigny trouve que trois de ces
repas-là par jour sont insuffisants, j'ajouterai
un sorbet au marasquin à celui de midi. Je
vous assure que je n'en ai pas de meilleurs
pour écrire mes articles qui malheureusement
sont bien de moi.

21 septembre 1867.

Celui qui à cette heure solennelle trouverait moyen d'inventer un parapluie contre les
communiqués, ferait en très-peu de temps
une fortune colossale.

Nous avons aujourd'hui cinq éléments :
l'eau, le feu, l'air, la terre & le communiqué.

Il eſt impossible que devant cette nouvelle
force de la nature, les almanachs de Mathieu
de la Nièvre ne contiennent pas prochainement des prédictiohs météorologiques dans ce
genre :

« Le mois d'octobre se fera surtout remarquer par ses communiqués qui souffleront du
Nord au Sud & occasionneront la perte de
plusieurs navires. »

Et il faut s'attendre d'un jour à l'autre à
lire dans les feuilles imprimées :

« Pendant le dernier oragé, un communiqué eſt tombé devant la Madeleine. Entre
autres personnes atteintes par le fluide, on
cite un journaliſte, duquel le docteur Ricord
n'a encore pu retirer que deux des alinéas
reſtés dans la blessure. »

Si l'adminiſtration, en envoyant tous les
jours à tous les journaux des rectifications de
soixante-seize colonnes & demie, a pour but
de provoquer en France un désabonnement
général, le procédé eſt plein de finesse. En
effet, la loi autorise un citoyen attaqué à se
défendre par une lettre plus longue du double

seulement que l'article auquel il répond. Mais le *Communiqué* pouvant se composer d'un simple rez-de-chaussée ou de sept étages successifs, à la volonté du communiqueur, rien n'empêche celui-ci de rédiger tous les matins une proteſtation d'un format tel, qu'elle prenne un journal depuis son titre jusqu'à son bulletin de Bourse. Il eſt bien évident qu'au bout de vingt-cinq jours de cette littérature encombrante, le journal tombera en langueur & mourra misérablement, sans même trouver un acheteur au numéro pour lui fermer les yeux.

Cette façon d'aggraver les lois qui nous régissent, serait aussi ingénieuse qu'imprévue, mais si en effet les différents miniſtères qui nous bombardent de leur écriture ont pour but de rectifier nos erreurs, qu'ils me permettent de les avertir qu'ils font fausse route, attendu que depuis que les *Communiqués* ont pris comme développement les proportions d'une calamité, il ne se rencontre plus personne pour avoir le courage de les lire.

Je signale ce danger à l'adminiſtration :

11.

qu'elle les raccourcisse ou qu'elle les rédige sur un ton plus enjoué, sans quoi le communiqué eſt deſtiné à périr par son excès même. Le seul moyen de le sauver eſt de le cribler d'anecdotes & de mots spirituels, qui rendent la ripoſte aussi intéressante que l'attaque. Je suppose que demain j'avance que quatorze maisons viennent de s'écrouler rue de la Paix :

« Aucune maison ne s'eſt écroulée rue de la Paix, répondraıt l'adminiſtration. Ce qui a pu donner lieu à ce faux bruit, c'eſt que mademoiselle Crapaudine, la même qui, à l'exposition des produits de son industrie, a obtenu la Grande Médaille de déshonneur, soupait au second étage du n° 96 avec son protecteur, qu'on appelle Ruy Dégommez depuis qu'il s'eſt ruiné à la hausse sur le Mobilier, & que ladite Crapaudine a jeté les bouteilles & les assiettes par la fenêtre, avec un tel fracas, qu'on a cru un inſtant à un écroulement général.

« Le plus curieux, c'eſt que cette femme,

libre jusqu'à l'Adriatique, appartient à une excellente famille & a été sous-maîtresse dans un pensionnat des Batignolles. »

(*Communiqué.*)

Dans la voie que j'indique, on peut encore achalander quelques lecteurs obſtinés. Mais sans vouloir parodier un mot célèbre, l'employé qui doit me faire avaler quatre colonnes en petit texte sur le cimetière de Méry-sur-Oise, n'eſt certainement pas encore fondu. Or, comme on ne peut pas poſter devant chacun des kiosques du boulevard, un sergent de ville qui force l'acheteur qui a lu nos assertions à dévorer les démentis qu'on y donne, il en résulte que l'adminiſtration ne doit pas s'étonner si, après nous avoir répondu victorieusement, c'eſt absolument comme si elle n'avait rien dit.

Si je me trompe, que tous les miniſtères réunis se cotisent pour fonder un journal quotidien intitulé *le Communiqué*, dans lequel toutes les répliques adminiſtratives seront insérées au moment même de leur promulgation, & le jour où ce nouvel organe parviendra à réunir trois abonnés, je consens à en être nommé rédacteur en chef.

Unir l'inutile au désagréable, c'eſt trop ; mais, comme le dit notre excellent confrère Jules Claretie, dans la lettre qu'il a écrite récemment au *Figaro,* l'inutile eſt aujourd'hui en pleine floraison, au théâtre comme ailleurs. Il reproche avec raison aux auteurs de notre époque, de tourner continuellement comme des chevaux de manége dans le cirque du mariage de mademoiselle Léocadie avec M. Frédéric, & de ne jamais essayer de résoudre, même par à peu près, le plus léger problème social.

Les onze douzièmes des pièces reçues ou refusées se réduisent à ceci : Un jeune homme aime une jeune fille ; les parents la lui refusent, alors le jeune homme se déguise en pâtissier pour pénétrer dans la maison.

Quelquefois, quand les auteurs, qui sont généralement trois pour embrouiller cet écheveau, ont énormément de talent, le jeune homme, au lieu d'arriver en pâtissier, arrive en porteur d'eau. Il advient aussi, mais alors c'eſt du génie pur, que le futur agréé par la famille s'eſt caché dans la fontaine pour mieux faire la cour à la bonne, & que l'amoureux repoussé lui verse un seau d'eau sur la tête.

Dans les drames, c'eſt absolument la même chose, à cela près que le seau d'eau eſt remplacé par une échelle de cordes. Je le demande à l'Europe en armes, ce travail de rémouleur en délire n'eſt-il pas fait pour écœurer les plus convaincus? Certes il y a mille & une queſtions qu'une scène saisissante résoudrait plus vite & plus complétement que cent articles de nos journaux; mais tentez donc d'y porter un dialogue profane, les direƈteurs ne sauront même pas ce que vous voulez leur dire, & si dès la fin du second aƈte ils n'ont pas vu s'allonger sur le mur les bras de l'échelle de cordes ou l'ombre du pâtissier, ils vous rendront votre manuscrit avec toutes les marques de leur mépris le plus diſtingué.

Il en eſt évidemment beaucoup parmi nous qui eussent poursuivi volontiers la veine dramatique, mais quoi? toujours le pâtissier! Au lieu d'inftruire & d'éclairer ses concitoyens, contribuer à les énerver & à les abêtir, c'eft un courage que tout le monde n'a pas, & qui fait que, sauf quelques très-rares exceptions, la médiocrité seule se jette dans la carrière du théâtre. Il n'y a pas encore très-longtemps, les auteurs avaient essayé d'élargir le débat & de produire leurs convictions devant la rampe : Félix Pyat donnait *Diogène*, à l'Odéon, & *le Chiffonnier de Paris*, à la Porte-Saint-Martin. Victor Hugo écrivait *le Roi s'amuse*, qui eft permis aux Italiens & interdit aux Français, sans qu'on ait jamais bien su au jufte les raisons de cette préférence. Depuis ces tentatives le pâtissier, un moment banni de la scène, a repris ses droits, & voilà pourquoi les pièces sont maintenant, après les communiqués, ce qu'il y a au monde de plus inutile.

23 *septembre* 1867.

J'avais un ami qui, sans rien dire à personne, épousa un jour une demoiselle hors d'âge, avec des yeux à fleur de nez, &, comme couronnement de l'édifice, légèrement gondolée. Le mot de la fin, c'eſt qu'elle possédait trois cent mille francs en Crédits mobiliers, achetés à dix-huit cent soixante-quinze francs, & en actions de la Société immobilière souscrites à l'émission, c'eſt-à-dire à cinq cents francs.

Aujourd'hui, ses Mobiliers font deux cent vingt-cinq francs, ses Immobilières quatre-vingt-quinze, & à la prochaine liquidation il reſtera à mon ami, qui rêvait la députation, tout juſte la somme nécessaire pour l'acquisition d'une brouette à légumes, que vous rencontrerez prochainement traînée par sa femme, qui se gondole chaque jour davantage.

Tel eſt l'avenir réservé aux hommes qui placent leur confiance dans ces feuilles de pa-

pier qu’on appelle des valeurs, parce qu’elles
ne valent absolument rien. Les débâcles, sui-
vies de démissions, qui ont révolutionné ces
jours-ci le périſtyle de la Bourse, prouvent
une fois de plus le besoin inné qu’a le peuple
français de se faire enfoncer par quelqu’un.
Il y a toujours chez nous un banquier Law
quelconque qui continue à vous glisser des
actions du Mississipi. Il change seulement le
nom de l’affaire & fait imprimer les titres en
caractères neufs. La seule différence sérieuse
qui exiſte réellement entre la rue Quincam-
poix & la place de la Bourse, c’eſt qu’à la rigueur dans le Mississipi on pouvait prendre
des bains, tandis que dans les combinaisons
nouvelles on ne peut boire que des bouil-
lons.

A notre époque, il en eſt d’une invention
financière comme de la créance d’un joueur :
le premier jour avant midi elle n’a subi encore aucune dépréciation ; à deux heures elle
eſt déjà au-dessous du pair. Le lendemain
matin on peut s’en servir pour tapisser son
cabinet de toilette. En attendant, que faire ?

Faut-il immobiliser son argent dans un pot à beurre ou l'enterrer au pied d'un platane? Jamais je n'ai mieux senti l'énorme avantage de n'avoir pas un sou de côté. J'avoue que si j'avais payé cinq cents francs un morceau de papier satiné, & qu'au moment de m'en défaire un agent de change me dît :

— Monsieur, je n'ai jamais pu trouver de votre marchandise plus de quarante sous, sans le courtage.

Rien ne pourrait m'empêcher de tomber en syncope. En effet, lorsque vous signez à monsieur votre tailleur un billet de deux cents francs, jamais il ne vous eſt venu à l'idée de tenir ce langage au garçon de Banque, qui se présente chez vous le jour de l'échéance :

— Des circonſtances toutes particulières & qu'il eſt inutile de vous raconter font que mon billet de deux cents francs n'en vaut plus que sept cinquante. Voici sept livres dix sous, rendez-moi ma signature.

Comme actionnaire la scène change, & vous êtes trop heureux qu'on veuille bien

vous donner trois cents francs de ce que vous
avez payé mille. Autrefois, les directeurs
d'une société en commandite mettaient quelque cérémonie à vous demander votre saint
Frusquin, ce saint le plus respecté de tous,
bien que le calendrier n'en fasse aucune
mention. Ils annonçaient des carrières de
marbre rose à exploiter ou des fouilles à organiser pour retrouver le trésor des Pharaons.
Aujourd'hui les compagnies qui s'établissent
n'ont aucun programme ; elles se contentent
de vous dire :

— Donnez-nous votre argent, nous le fe-
rons travailler.

Au bout d'un temps aussi court que possible, les compagnies vous écrivent que votre
argent n'a décidément aucun goût pour le
travail ; que loin de profiter des soins mater-
nels de la maison, votre magot s'eſt affaibli à
vue d'œil, & que le peu qu'il en reſte ne
mérite pas que vous preniez une voiture de
deux francs vingt cinq pour venir le chercher.
C'eſt ainsi que nous revenons insensiblement,
ou sensiblement plutôt, au syſtème des assi-

gnats contre lesquels on a tant crié. Ces
actions sur lesquelles s'étale avec orgueil le
mot *Mille francs*, & que le plus naïf de vos
fournisseurs n'accepterait pas pour cinquante,
n'eſt-ce pas simplement du papier-monnaie?
& encore nous voyons bien le papier, mais
quand il s'agit de la monnaie les difficultés
commencent.

Remarquez qu'il n'exiſte aucun remède
contre cette maladie de peau, qui pousse les
gens à se faire tondre par des inconnus. Que
demain un monsieur orné de croix étrangères
fonde une société pour le nivellement des
Cordillières (6,000 pieds au-dessus du niveau
de notre intelligence), si je me permets d'insinuer, dans un journal, que cette affaire
pourrait bien ne pas donner de dividende au
bout des premiers trois mois, le monsieur
décoré m'intente un procès, &, en vertu de
la loi, me fait condamner comme diffamateur.
Six semaines après, le monsieur lui-même
passe en police correctionnelle pour escroque-
rie; mais sa condamnation n'influe en rien
sur la mienne.

Il y a quelques trois ou quatre ans à peine, M. Crampon, rédacteur du bulletin de la Bourse au journal *le Monde*, a été condamné pour excitation à la haine des billets de banque les uns contre les autres, comme ayant prédit que le Crédit mobilier était deftiné à tomber à quatre cents francs.

Il eft vrai qu'il se trompait gravement, puisque le Mobilier eft tombé à deux cent vingt-cinq ; mais, moi qui assiftais à la séance, je n'oublierai jamais avec quel mépris superbe l'avocat du gouvernement présenta M. Crampon comme un de ces hommes toujours prêts à ébranler la confiance publique, quand jamais la prospérité politique & financière n'avait atteint un plus magnifique développement.

Celui qui, malgré les discours incroyables (incroyables eft le mot) prononcés devant le Corps législatif par M. Rouher, eût conseillé aux petits rentiers de ne prendre à aucun prix des obligations mexicaines, eût été, je ne dis pas condamné à la prison comme diffamateur, mais exécuté sur la place de la Roquette comme parricide. Il eût pourtant évité bien des cataclysmes dans les familles pauvres, puisque les mexicains ont baissé des trois quarts, & que je n'attends plus, pour en avoir pour trois cent mille francs dans mon tiroir, que le jour où elles seront chez les marchands de tabac.

Cette grande queſtion de savoir si les jeunes gens qui se promènent en bottes vernies dans ce Paris où leurs parents sont venus en sabots, & qui fument le fruit des sueurs paternelles sous forme de cigares à deux francs la pièce, ne sont pas encore plus sages que les gens dits raisonnables qui vont échanger bénévolement leur patrimoine contre des feuilles de cartons ornées d'arabesques; cette queſtion, dis-je, m'a entraîné tellement loin que la place & le courage me manquent également pour cataloguer ici les bruits de la semaine.

Je me vois donc obligé de descendre de ma colonne (la troisième), sans avoir même effleuré un grand nombre d'incidents récents, notamment l'affaire de ces malheureux employés homme de lettres qui, après avoir écrit, comme journaliftes, des articles dans les feuilles quotidiennes, étaient obligés, comme fonétionnaires, de rédiger des communiqués pour se répondre à eux-mêmes.

---

26 septembre 1867.

Mon dernier article sur les feuilles satinées ornées de gravures en taille douce, qu'on appelle des aétions au porteur, m'a attiré plus de lettres que mes doigts ne se sentent la force d'en décacheter. Quelques-uns de mes correspondants me demandent si, pour parler avec cette amertume des affaires industrielles, j'ai perdu ma fortune dans les spéculations. D'autres veulent bien me prendre au sérieux au point de me demander mon avis personnel sur les causes de la décadence financière que je signale.

Ma fortune, soit en terre, soit en portefeuille, se composant d'une paire de chandeliers Louis XIII, je n'ai pu avoir l'idée de fonder une société avec un aussi maigre capital, ce qui m'eût d'ailleurs forcé à élire un conseil d'adminiſtration chargé de surveiller mes chandeliers. A la rigueur, du reſte, je comprends qu'on donne quinze mille francs contre une aquarelle de Bonnington, mais je doute qu'on parvienne jamais à faire ma photographie au moment où je verse quarante mille livres en échange d'une image repré-sentant des Renommées d'un dessin douteux & des Amours nus comme des ténias entrelaçant des cornes d'abondance.

Quant aux motifs de l'abaissement progressif du niveau financier, j'avoue que je les ignore; mais je crois pouvoir les caractéri-ser par la situation de Jean Hiroux qui, bien que légalement condamné à mort, refusait de se laisser exécuter. Vainement le procureur impérial essayait de lui faire comprendre que ce n'était après tout qu'un moment à passer, & que, d'ailleurs, plusieurs hommes de science prétendaient que la sensation d'une exécution capitale était plutôt agréable que douloureuse, Jean Hiroux répondait toujours :

— Je ne dis pas, mais j'ai de la méfiance.

Nous ne sommes pas tous des Jean Hiroux, mais on nous a présenté tant de marchands de lorgnettes comme de grands économiftes, on nous a montré tant de ftatues en marbre qui n'étaient qu'en mie de pain, que, nous aussi, nous avons de la méfiance. Le seul moyen d'amorcer encore le public serait d'inaugurer une ère nouvelle qu'on appellerait l'ère de la franchise. Remarquez que nous y entrons déjà, puisqu'on a donné hier dans tous les journaux l'âge réel des principales actrices de Paris, ce qui, depuis les *Nuées* d'Ariftophane, n'avait jamais été essayé. Il ne s'agit plus que de continuer en donnant l'âge de nos principaux hommes politiques dont la décadence visible a besoin d'une explication.

Ainsi, à la seule inspection des théories financières de M. Rouher, beaucoup de contribuables se sont imaginé qu'il avait au moins cent cinquante ans. Il serait utile de déclarer publiquement qu'il n'en a pas encore quatre-vingt-quinze. Bien des fautes se trouveraient suffisamment juſtifiées si on donnait dans une liſte spéciale l'âge des burgraves qui les ont commises. On verrait que la politique eſt un théâtre comme un autre où les pièces ne peuvent plus que tomber à plat lorsque ceux qui sont mûrs pour les rôles de ganaches persiſtent à vouloir jouer les jeunes premiers. Quelle révélation pour la France attentive si on lui mettait sous les yeux cette nomenclature dont nous osons presque garantir l'exactitude :

M. Belmontet, 6,833 ans;

M. Troplong, 8,945 ans ;

M. Persigny, 4,512 ans (c'eſt le plus jeune);

M. Schneider, 7,661 ans.

Ces révélations les déprécieront peut-être auprès des femmes, mais elles éclaireront d'un jour tout nouveau l'état singulier dans lequel nous nous trouvons actuellement. J'ajouterai même que si, à côté de l'âge des hommes politiques, on pouvait donner l'âge des gouvernements, la lumière serait complète.

Il y a en ce moment un tel besoin de vérité, que l'argent tomberait peut-être dans la caisse de l'induſtriel qui aurait le courage de rédiger des proſpeſtus comme celui- ci :

« L'affaire que je vous propose eſt détestable, & ne peut qu'entraîner la ruine des imbéciles qui y prendront une part quelconque; mais comme en résumé elle n'eſt pas plus mauvaise que tant d'autres pour lesquelles vous avez été trop heureux de souscrire en passant la nuit avec un morceau de pain & un cervelas, afin d'être les premiers à l'ouverture des bureaux, je ne vois·pas pourquoi je ne provoquerais pas le même enthousiasme que mes confrères. »

Il faut, du reſte, que l'envie de tout dire soit bien impérieuse, puisqu'après avoir subi, sans se plaindre, la censure pendant vingt ans pour son théâtre, M. Hoſtein lui-même, dans son récent volume, déclare cette inſtitution inutile & dangereuse.

Il eſt certain qu'en autorisant ce qu'on appelle les grandes machines, à l'exclusion des ouvrages qui pourraient avoir une portée politique ou sociale, la commission d'examen a prêté la main à une immoralité dont elle aurait dû se rendre un compte un peu plus exact. Chaque fois qu'un de nos trois ou quatre grands théâtres monte une pièce en vingt-cinq tableaux & deux mille personnages, il invite par une note publiée dans les journaux les jeunes filles disponibles à venir le soir, moyennant un franc par cachet, figurer sous le coftume d'Élisabeth d'Angleterre ou de la Reine des saucisses plates.

Il eft évident que les jeunes filles, qui ont d'ordinaire sur le théâtre les idées les plus saugrenues, se disent qu'il vaut infiniment mieux gagner vingt sous à se promener trois heures par soirée devant une toile de fond, que d'en gagner quinze à piquer des bottines pendant dix heures par jour. Elles se disent en outre que si les huit ressorts doivent jamais venir les trouver, ce n'eft pas à un cinquième & par un escalier de soupente qu'une simple victoria ne pourrait même pas gravir.

Le théâtre étant aux charmes des demoiselles de bonne volonté ce que le palais des Champs-Élysées eſt aux tableaux de nos arſtiſtes, c'eſt-à-dire une salle d'exposition permanente, attirer des jeunes filles sur ce tremplin, c'eſt évidemment les mettre à la merci du premier amateur venu. En effet, ou la piqueuse de bottines qui se présente eſt honnête, & en l'enrôlant vous exposez sa vertu aux tentations les plus funeſtes, ou elle ne demande qu'à profiter d'une bonne occasion à quatre roues avec laquais devant & derrière, & alors vous tendez simplement la perche à ses inſtinĉts décolletés.

Le Courrier français a qualifié d'excitation à la débauche ce genre d'entraînement. Il eſt trop vrai que lorsque des messieurs décorés sont venus dire à une jeunesse écourtée qui fait des ronds de jambe entre cour & jardin :

— Mademoiselle, que diriez-vous de quatre ou cinq bécasses autour desquelles nous nous trouverions réunis comme par hasard?

Il eſt bien difficile à la susdite jeunesse, le succès de la pièce une fois épuisé, de retourner dans son cabanon ourler des mouchoirs ou tailler des cravates.

D'autre part, il serait inconteſtablement fatal à un direƈteur de ne faire appel qu'aux femmes laides & âgées, sous prétexte que les feux de la rampe exposent les jeunes & les jolies à des incendies inévitables. Le speƈtateur qui a donné ses huit francs ne tient pas à ce qu'on lui serve de la vertu, mais à ce qu'on lui donne de la beauté. Si les femmes sont laides, il ne va pas au théâtre ; si elles sont jolies, il y va trop. Et comme on ne sait à qui attribuer l'augmentation de cette population flottante, qui fait du jardin Mabille une affaire bien préférable à toutes celles qui ont baissé ces jours derniers, on met de temps en temps dans les journaux ces faits qu'on appelle divers, bien qu'ils manquent de diversité :

« Hier la police a opéré une razzia parmi les femmes qui fréquentent les reſtaurants des abords de l'Opéra. C'eſt la cinquième depuis deux mois. »

Et personne ne se dit que si on avait

laissé ces malheureuses tranquilles dans leurs ateliers au lieu de les convoquer à venir montrer leurs mollets dans les apothéoses, elles auraient encore la joie intime de gagner dix-huit sous en douze heures de travail, ce qui, du reſte, ne vaut guère mieux que de tresser pour rien des chaussons de lisière dans une prison du gouvernement.

28 *septembre* 1867.

M. Rattazzi paraît avoir reçu du ciel un don spécial : celui d'arrêter Garibaldi. Les uns travaillent dans les chaussures à vis, d'autres dans les veſtes pour garçons de café ; lui, fait dans les arreſtations de Garibaldi.

L'agence Havas n'en dit rien, mais je crois qu'il a pris une patente. Chaque fois que l'illuſtre patriote eſt soupçonné de quelque projet révolutionnaire, v'lan ! le commandeur Rattazzi eſt nommé miniſtre. Il prend alors le temps ſtriĉtement nécessaire pour arrêter

Garibaldi, dépose son portefeuille & attend pour rentrer aux affaires que son client risque encore une tentative, afin de pouvoir satisfaire à une nouvelle commande d'arreſtation. On lui laisse supposer qu'on le prend comme miniſtre, mais il eſt bien évident qu'on le chòisit uniquement comme arrêteur, puisqu'il cesse d'être miniſtre dès qu'il a fini d'arrêter.

Je suis sûr que, de son côté Garibaldi, serait tout dépaysé s'il était appréhendé au corps par un autre que par son commandeur ordinaire. Il connaît les petites habitudes de M. Rattazzi ; il sait que l'ouvrage sera bien fait & qu'il ne trouverait pas mieux dans une autre maison. Du reſte, il paraît prouvé que le miniſtre des Arreſtations Étrangères du roi d'Italie vient de faire imprimer plusieurs milliers d'étiquettes portant ces mots :

Tout individu qui arrêtera Garibaldi sans être revêtu de mon eſtampille sera poursuivi comme contrefaɔteur.

Il y a ainsi des gens qui réunissent des fa ‑

cultés d'espèces en apparence tout à fait disparates. Ingres, qui était un peintre d'un
grand mérite, aimait par-dessus tout à jouer
du violon. Balzac a eu toute sa vie l'idée
d'abandonner la littérature pour se vouer tout
entier à des opérations induſtrielles. M. Rattazzi eſt un homme politique non sans valeur, qui croit que sa vocation eſt d'arrêter
Garibaldi. Ce qui n'eſt pas moins comique,
c'eſt que son gouvernement s'amuse à flatter
sa manie & n'oserait jamais lui faire l'injure
de s'adresser à un autre pour cette mission
délicate. Cette préférence n'eſt pas absolument glorieuse. Si je deviens jamais homme
d'État (eh! mon Dieu! j'en connais plusieurs
qui ne sont pas beaucoup plus sérieux que
moi), je ne me sentirai pas très-flatté que le
chef du pouvoir exécutif me dise en me nom-
mant grand-croix des Saints-Pancrace-&-
Polycarpe :

Ce n'eſt pas que vous soyez un miniſtre
bien capable, mais je vous garde parce qu'il
n'y en a pas deux comme vous pour arrêter
les gens qui me gênent.

Il eſt vrai que le gouvernement italien doit
se trouver très-gêné dans son corset quand il
s'agit de mettre ainsi la main sur Garibaldi,
dont il a reçu un jour la Sicile & le royaume
de Naples. Si le brave général était seulement
la moitié aussi roué que la plus naïve de nos
artiſtes dramatiques, il dirait simplement à
son souverain :

— Pardon, avant de faire fusiller & arrêter
les gens comme à Aspromonte & ailleurs, il
faudrait au moins leur renvoyer les petits
cadeaux qu'on a acceptés d'eux. Que penseriez-vous, Sire, d'une jeune personne qui
écrirait à son fiancé : Je renonce à votre main,
& je vous défends de vous présenter désormais devant moi ; mais comme la corbeille
de mariage que vous aviez achetée eſt pleine
de cachemires qui font très-bien sur mes
épaules, j'ai l'honneur de vous avertir que je
la garde.

La situation du général italien n'eſt pas,
du reſte, beaucoup plus surprenante que celle
des préfets de l'empire mexicain, qui, comme
l'établit une circulaire publiée ces jours-ci, &

signée du général français Castagny, menaçait de six mois de prison ceux qui refuse-
raient d'accepter ces fonctions si demandées
chez nous. Si ce morceau n'avait pas paru
dans plusieurs journaux à la fois, nous le
croirions éclos dans les rêves d'un rédacteur
du *Tintamarre*. C'est du Molière pur. Jamais
les princes de féerie qui entrent en scène en
s'écriant :

— Allons ! bon ! ma table de nuit qui s'en-
vole ! Voilà les farces qui vont recommencer.

Jamais, dis-je, les Drelindindin de la Porte-
Saint-Martin & les Hurluberlu du Châtelet
n'ont rien signé de plus *renversant*. Ce n'est
pas le médecin, c'est le *Préfet malgré lui*.
Voilà des mesures qui doivent donner à l'Europe en général & aux Mexicains en particulier une haute idée de la façon dont nous
sommes gouvernés. Il faut, du reste, savoir
gré au général en question d'avoir écrit cette
circulaire qui jette un peu de gaieté sur le
sombre tableau de l'expédition mexicaine.
Ce que je regrette, c'est que le manque de
grandeur qui m'attache au rivage ne m'ait

pas permis de faire le voyage de Mexico, uniquement pour assister au procès d'un homme condamné à six mois de prison pour avoir refusé d'être préfet.

D. Pourquoi, connaissant les peines édictées par la loi, avez-vous refusé la préfecture qu'on vous offrait ?

R. Monsieur le Président, je suis grainetier de mon état. Je n'ai jamais étudié pour être préfet. Je suis incapable de rédiger un arrêté pour la destruction des hannetons.

D. On vous a rattrapé au moment où vous tentiez d'échapper par la fuite à la haute dignité dont nous voulions vous revêtir. Un moment même, vous avez été nommé préfet par contumace. Heureusement nous vous tenons. Accusé, il est encore temps d'attirer sur vous l'indulgence du tribunal par un sincère repentir. Voulez-vous être préfet ?

R. Jamais de la vie.

D. De première classe ?

R. La classe n'y fait rien. Je refuse. Je suis grainetier.

D. Très-bien. Vous allez entendre votre jugement :

« Le tribunal,

« Après en avoir délibéré,

« Considérant que le sieur X... a obftiné-
ment décliné l'honneur d'adminiftrer sa province en qualité de préfet;

« Délit prévu par l'article 4 du décret du
25 mars 1865;

« Le condamne à six mois de prison & aux
frais. »

L'accusé. — Mais, Monsieur le Président...

Le président. — N'aggravez pas votre situation. Un mot de plus & je vous décore.

J'ai découpé cette circulaire que je considère comme une œuvre monumentale. Je
vais la faire encadrer dans un passe-partout
entouré de baguettes d'or, & qu'on n'essaye
pas de me détourner de ma résolution, ou
j'en fais cadeau au Musée des souverains, où,
avec le coftume de satin blanc que portait
Napoléon au Champ de Mai, elle sera évi-

demment la pièce la plus réjouissante de la collection.

Si les directeurs de baraques, dans les fêtes foraines, comprenaient leurs intérêts, au lieu de convier le public à d'éternels veaux à deux têtes & à de fastidieux crocodiles empaillés, croyez-vous qu'ils ne trouveraient pas mille fois plus facilement le succès & la fortune dans l'exploitation de faits aussi gais. Qu'à la prochaine fête de Saint-Cloud, un Bilboquet quelconque écrive en lettres de trois pieds sur sa porte :

Ici on voit un Mexicain âgé de trente-cinq ans qui a été condamné à six mois de prison pour avoir refusé la place de préfet.

Et je ne doute pas qu'il ne refuse du monde.

Vous voyez que nous aurions encore quelques bons éclats de rire sur la planche s'il ne se jugeait en ce moment à Alger un procès infiniment plus triste que celui du Mexicain condamné pour refus de préfecture. Il paraît qu'en Algérie, comme au Mexique, nous avons des moyens à nous de nous faire aimer des indigèncs. Parmi ceux qui ont été employés jusqu'ici avec le plus de succès, il faut citer les bureaux arabes. Un jeune capitaine, soupçonné de complicité dans les concussions de son domeſtique, vient de se brûler la cervelle, ce qui eſt un exemple, mais non une solution.

Voyez donc à quoi tient la deſtinée ! Si, au lieu de nous abîmer le cerveau à chercher des articles que nous ne trouvons pas toujours, nous nous étions mis à attaquer les diligences sur la route d'Alger & à assassiner les voyageurs, nous ne serions pas à cette heure tremblotants sous la bise parisienne, mais bien étendus au soleil, sous les orangers d'une terre enchanteresse, comme le capitaine Doineau.

Ajoutez que les habitants de Monaco se disent que ce M. Doineau doit être bien puissant pour avoir obtenu de subir sa condamnation à mort dans des conditions pareilles, & cet honorable meurtrier a fini par avoir sa petite cour.

— Je vous aurais bien présenté à lui, m'a

dit un bourgeois de l'endroit, mais il paraît qu'il n'aime pas les journaliftes.

Un autre m'a assuré que c'était un très-brave homme. Fort surpris, je lui ai demandé comment il fallait s'y prendre pour être une canaille. Il m'a raconté alors plusieurs hiftoires que je ne veux pas répéter ici.

———

30 septembre 1867.

Voilà Judas Iscariote tout à fait désappointé. Il comptait sur le traître Lopez pour faire le soir son petit bésigue, mais la longue lettre signée Lopez, que publient tous les journaux, établit catégoriquement que nous nous sommes laissé prendre à un coupable canard, éclos d'abord dans les journaux américains, puis propagé par cette grande niaise d'agence Havas; que jamais il n'a reçu seulement dix centimes pour livrer son souverain, qui a été pris, non dans son lit, mais à cheval,

à la tête de son état-major, & que la chancel-
lerie de la Légion d'honneur a eu bien tort
de lui retirer la croix pour la donner à des
gens qui ne le valaient pas. Si toutes nos informations relatives au Mexique ont été aussi
exactes que celles qui concernaient Lopez,
attendons-nous à apprendre un de ces jours
que Maximilien n'a pas été fusillé le moins
du monde & qu'il tient une table d'hôte à
San-Francisco.

Je me rappelle, comme si je le lisais encore,
le discours de M. Troplong, annonçant au
Sénat l'exécution de l'empereur du Mexique.
Il tombait avec une indomptable énergie sur
Lopez : « Ce monftre à face humaine, dont la
mémoire eft vouée désormais à l'exécration
de l'univers. » (Mouvement d'horreur.)

Il faut avouer que nos sénateurs jouent de
déveine. Voilà seize ans qu'à toutes les com-
munications qui leur sont adressées, ils ne
cessent de répondre par des « Très-bien ! » non
interrompus, & pour une fois qu'ils se
donnent le luxe d'un mouvement d'horreur,
il se trouve qu'il était erroné & intempeftif.

Maintenant, que feront les sénateurs? Vont-ils redemander leur mouvement d'horreur? M. Troplong le leur rendra-t-il? Le mieux, à mon avis, serait de le déposer à la Caisse des dépôts & consignations jusqu'à ce que la queſtion Lopez soit entièrement vidée.

Il faut avouer du reſte que cet homme qui ouvre la porte aux ennemis de son empereur eſt venu bien à propos pour endosser subrepticement le dénoûment de notre mexicanerie. Quand un gouvernement fait par hasard une chose utile, il la tire dans ses journaux à trois cent mille exemplaires, se bâtit à lui-même des colonnes trajanes pour en perpétuer le souvenir; mais quand il a commis une grosse boulette bien caractérisée, bien indiscutable, il sort toujurs de terre comme par miracle un monsieur que personne ne connaissait la veille, mais qui eſt cause de tous les désaſtres & qu'il faut vouer séance tenante à l'exécration du monde civilisé.

Le gouvernement français nous envoie continuellement des *Communiqués* de cinq colonnes que nous sommes bien obligés d'insérer, quoiqu'ils n'aient rien de réjouissant pour nos lecteurs. Lopez vient d'en adresser un au gouvernement français. Nous aimons à croire que *le Moniteur* aura le bon goût de l'insérer, tout en étant parfaitement sûr qu'il ne l'insérera pas.

Le plus curieux de l'incident, c'eſt que le jour même où paraissait la lettre de Lopez, les journaux annonçaient que le duc de Nassau, dépossédé l'année dernière pendant la guerre d'Allemagne, avait poussé des cris de douleur si aigus, que la Prusse s'était décidée à lui faire consentir la vente régulière de son duché moyennant quinze millions, que celui-ci s'eſt hâté d'empocher, en poussant des cris non moins aigus, mais qui étaient de joie.

Je prie maintenant mes contemporains de vouloir bien me répondre : Si, sous prétexte d'aller faire un coup de roulette à Wiesbaden, je me rendais auprès du roi Guillaume & que je lui misse dans les mains moyennant quinze millions les clefs de l'Alsace & de la Lorraine, il eſt bien évident que je serais considéré comme le dernier des misérables, & qu'on ferait de moi le sujet de plus d'un drame dans le genre de *Périnet Leclerc* & autres. Eh bien! soyons impartiaux : quelle différence trouvez-vous entre un souverain qui négocie son territoire, ce qui se pratique tous les jours, & un citoyen qui vend son pays, ce qui ne se fait pour ainsi dire jamais?

Si l'un des deux eſt plus coupable que l'autre, je ferai même remarquer que c'eſt le souverain. En vendant la Lorraine & la Prusse, ce que je ne ferais, du reſte, qu'au cas où je serais extrêmement pressé d'argent, j'ai toujours la faculté de présenter cette excuse :

— J'étais fort gêné pour mon terme, & d'ailleurs je ne trouve pas que mon pays ait été gentil pour moi en me laissant ainsi végéter dans les journaux, tandis qu'il pouvait utiliser mes talents comme ambassadeur ou général en chef.

Le souverain n'a même pas cette juſtification à essayer. Il eſt hébergé, nourri, habillé par ce même pays, qu'il cède pour un prix

quelconque, après l'avoir assuré tous les matins de son éternel amour.

Le duc de Nassau, qui vient de toucher
quinze millions en échange d'un certain
nombre de Nassoviens, n'en sera pas moins
reçu partout avec tous les honneurs dus à son
rang, & notamment chez M. Troplong. Si
j'avais vendu mon pays pour quinze millions,
je serais solennellement dégradé de la Légion
d'honneur, dont je n'ai jamais été gradé, & je
provoquerais des mouvements d'horreur dans
le Sénat. Voilà la juſtice des hommes, qui,
comme fantaisie, ne peut être comparée qu'à
celle des femmes.

Je me rappelle vaguement une pièce où
Hyacinthe disait à Gil-Perès, qui jouait un
souverain.

— Comme vous avez de la diſtinction !

— Faut ça dans l'état de prince, répondait
Perès.

Il semble, en effet, qu'aujourd'hui la distinction tienne lieu de toutes les vertus ci-
viques. C'eſt même là probablement ce qui
donne une grande importance à l'hiſtoire pé-

riodique de la « jeune femme du monde » qui
se décide à entrer au théâtre & dont on annonçait encore ces jours-ci les prochains
débuts à l'Opéra-Comique. Voilà plusieurs
années que nous sommes menacés à la scène
d'une femme du monde qui doit nous étonner
autant par ses armoiries que par l'élégance
de ses manières.

Afin qu'il soit bien conftaté que la dame
en queftion appartient à la plus haute société,
on se murmure dans les journaux de théâtres
que la famille s'eft jetée à ses genoux &
traînée à ses bottines, afin de la détourner de
son projet graveleux. On voit bien la famille
allant endosser toutes les armures de la maison pour dire à cette jeune déclassée :

— Au nom du ciel, tu descends des Montmorency, songe à tes aïeux. Il eft impossible
que tu joues le rôle de la soubrette dans
Bonsoir, monsieur Pantalon.

J'ignore absolument de quelle femme du
monde il s'agit actuellement, mais je me joins
à sa famille pour lui conseiller de laisser son
plan inachevé. J'ai entendu quelquefois des

femmes du monde chanter des morceaux
d'opéra & j'ai remarqué que la bonne éducation n'avait aucune influence sur les fausses
notes. J'ai vu des femmes du monde jouer des
comédies à deux personnages, & je déclare
que j'aurais bien voulu m'en aller.

Quand une artifte a du talent, qu'elle soit
ou non ce qu'on appelle du monde, la question eft éminemment secondaire. Si le prince
de La Tour & Taxis, dont on annonce également les débuts, ne répond pas à l'attente du
public, nul doute qu'il ne soit reconduit
comme le dernier des fils de concierge.
Quand mademoiselle Delaporte a joué le rôle
de Janine dans *les Idées de madame Aubray*,
personne n'a songé à se demander si elle était
plus ou moins du monde. J'ai assifté hier soir
à la représentation du *Barbier*, où mademoiselle Patti, cette merveille des merveilles, a
soulevé des tempêtes de bravos. Elle serait
alliée aux Guémenée que son immense talent
n'y gagnerait absolument rien.

Du refte, quand une dame se met au piano
& offre à ses invités une demi-heure de cris-

pations, il se rencontre toujours dans la société quelqu'un pour dire :

— N'eſt-ce pas que c'eſt très-bien pour une femme du monde?

Ceci tendrait à établir que les femmes qui sont du monde ont moins d'intelligence que celles qui n'en sont pas. Il en résulterait que le talent eſt en raison inverse de l'élévation de la naissance. Il n'en eſt rien, j'en suis absolument convaincu ; mais voyez, si on n'y prenait garde, à quelles conclusions révolutionnaires pourrait conduire ce raisonnement, chez un peuple déjà abruti par les somnambules & les zouaves guérisseurs.

---

3 octobre 1867.

On causait littérature dans un salon de je ne sais quel faubourg.

— J'ai là, dit un monsieur, quelque chose d'absolument inédit, signé Alexandre Dumas.

Voulez-vous me permettre d’en faire la lecture ?

Tout le monde se serra pour mieux entendre. Le monsieur tira un papier de sa poche & lut le roman suivant :

« Au cinq mai prochain, je payerai, à M. X... ou à son ordre, la somme de quinze cents francs, valeur reçue comptant.

« *Signé :* Alexandre Dumas. »

Le vingt-deuxième volume qui vient de paraître de la correspondance de Napoléon Ier, me rappelle involontairement ce morceau philosophique du plus fécond de nos écrivains. On comprend parfaitement la curiosité qui s’attache aux hommes célèbres. Que des gens spéciaux aient poussé l’adoration jusqu’à exposer dans une des salles du Louvre les vieux bas & les gilets de flanelle du vainqueur d’Aufterlitz, c’eft peut-être malpropre, mais ce n’eft pas dangereux pour sa mémoire. Une paire de chaussures, si portée qu'elle ait été, ne peut dévoiler l'âme de son propriétaire.

Il en eſt tout autrement d'une correspondance qui en eſt à son vingt-deuxième volume. Les organisateurs de cette fête épiſtolaire donnent l'idée d'une réunion d'ours qui auraient dévalisé un marchand de pavés.

J'ignore combien de temps vivra le souvenir de Napoléon Ier, mais si quelque chose peut contribuer à démolir ce grand capitaine, c'eſt certainement cette collection d'autographes, rassemblés cependant par des personnages officiels & d'autant plus dévoués à sa mémoire qu'ils touchent des appointements pour cela.

Cet homme, que l'on aimait à se représenter impétueux, téméraire & chevaleresque, se révèle, dans ses moindre billets, *potinier* comme un employé à douze cents francs, soigneux de sa réputation & ferré sur la réclame comme Jenneval.

Ce faiseur de rois, dont les brusques manières sont reſtées célèbres, tutoyait ses généraux & leur pinçait l'oreille jusqu'au sang dans ses heures d'épanchement intime, ce qui les rendait joyeux pour toute la journée. Je n'ai même jamais compris ce genre de satisfaction. Si j'étais général, que j'eusse une oreille & un souverain, & que celui-ci se permît de me pincer celle-là, tout porte à croire que je prendrais des mesures pour qu'il ne recommençât pas cette plaisanterie à peine usitée chez les fumiſtes.

Ce faiseur de rois, disais-je, s'inquiétait de ce qu'on disait dans les petits journaux sur la façon de sa culotte & la couleur des robes de l'impératrice. Il traite d'imbéciles, de niais & de cuiſtres les journaliſtes qui le servent avec le plus d'humilité & de bassesse. Notez que dans la préface les éditeurs responsables de cette correspondance ont déclaré qu'ils avaient écarté les lettres blessantes pour des tiers. A en juger par ce qu'il écrit des journaliſtes qui l'encensent, on devine facilement ce qu'il doit écrire de ses miniſtres & de ses sénateurs. Mais que diable pourrait-il dire de plus que ce que les journaux ont reproduit ? Quand on a traité les gens d'idiots & de plats gueux, je ne vois pas trop quelles épithètes peuvent rester au talon.

Nous avons encore : fichue bête, gâteux, hydrocéphale, va-nu-pieds & même *muffle*. Mais puisqu'on publiait les autres expressions, il était superflu d'écarter celles-ci qui, comme beau langage, sont à peu près sur la même ligne. Ce qui surnage de ces aménités, c'est qu'on nous accuse, nous autres, de manquer de mesure dans nos polémiques. Si vous voulez, nous ne nous servirons plus pour discuter nos hommes politiques que d'expressions tirées de la correspondance de Napoléon Ier. Vous verrez alors ce que nous aurons gagné en distinction & en jolies manières.

Voilà l'homme privé. Quant à l'homme politique, ses lettres nous le montrent sous un jour tout particulier. Ainsi, *la Liberté* d'hier en cite plusieurs, les unes adressées à l'empereur Alexandre, & les autres au ministre de la guerre. Dans les premières, il assure le czar de son éternelle amitié & de son entier dévouement. Dans les secondes, qui portent la même date que les autres, il ordonne de mettre secrètement l'armée sur le pied de guerre, afin d'aller détrôner ce même Alexandre. Voyez-vous le quiproquo, si son secrétaire s'était trompé d'enveloppe.

Quand Garibaldi déclare qu'il veut aller à Rome & qu'il y va, on rit de sa naïveté; quand Napoléon envoie à l'empereur de Russie des déclarations d'amour deſtinées à masquer des déclarations de guerre, on déclare que c'eſt un grand homme. Je le veux bien, mais avouons que s'il n'eſt possible d'être grand homme qu'à ce prix-là, cette profession a de bien mauvais côtés. Ces procédés n'ont rien d'ailleurs de particulièrement ingénieux. C'eſt à peu près comme si un monsieur écrivait à une femme :

« Venez, je vous aime ; je vous attends à deux heures. »

Et une fois qu'elle serait chez lui, qu'il la fît arrêter par deux sergents de ville.

On me répondra par cette rengaîne qu'on eſt bien embarrassé quand on tient la queue de la poêle. Moi je trouve qu'on ne s'occupe pas assez de ceux qui sont dans la poêle.

Evidemment, par exemple, c'eſt en vertu de l'axiome ci-dessus qu'*Antony* vient d'être interdit en 1867, après avoir été autorisé depuis 1835 jusqu'à nos jours. Cette nouvelle équipée censoriale remet sur le tapis tous les méfaits attribués à la Commission d'examen.

Je me permettrai de prendre sa défense dans cette circonſtance toute spéciale. Il eſt bien évident que, si une pièce comme *Antony*, que tout le monde connaît, eſt interdite, le veto, vient non de la censure, mais du gouvernement lui-même. Car ce à quoi on ne songe pas assez, c'eſt qu'indépendamment des membres de la Commission qui biffent les mots à double entente, le premier fonctionnaire venu peut demander la suppression d'une scène qui lui déplaît ou d'un tableau qui peut nuire à sa considération, & que si vous faites un drame dont le premier acte se passe sur le bord de la mer, le second au musée du Louvre, le troisième sur la place de la Roquette & le quatrième sur celle de la Concorde, votre premier acte peut être interdit par le miniſtre de la marine, le second par celui des beaux-arts, le troisième par celui de la juſtice & le dernier par M. Haussmann.

C'eſt donc le gouvernement seul qui a la responsabilité de l'affaire d'*Antony*, & s'il en défend la représentation, c'eſt probablement pour des raisons qu'il croit juſtifiées. Quelles sont-elles ? Voilà la queſtion. Si c'eſt l'immoralité de l'œuvre qui l'inquiète, que le gouvernement se rassure. Comme *Antony* n'a pas été joué depuis longtemps, & que jamais la dépravation morale n'a fleuri avec un épanouissement aussi complet qu'aujourd'hui, il serait injuſte d'accuser le héros d'Alexandre Dumas d'avoir porté dans les familles le trouble qu'on y remarque.

Si l'auteur, moins insouciant, voulait prendre la peine de rétorquer vos arguments, il vous ferait observer que jamais les mœurs publiques ne furent plus respeĉtées qu'à l'époque où fut donné ce drame dont le retentissement a été universel, sans que les convenances publiques, si atteintes aujourd'hui, en souffrissent alors le moins du monde. Le danger actuel n'eſt pas dans les femmes qui se tuent pour l'homme qu'elles aiment, il eſt dans l'exemple de celles qui se rendent & qui se gardent bien d'en mourir. Ce qu'il faut réprimer maintenant, ce n'eſt pas la passion, c'eſt la débauche.

Le spectacle des amours violents peut exalter les masses, mais il ne les détériore pas. Hélas! hélas! craignez-vous donc que nos petits frisotins achètent des poignards pour les plonger dans les cœurs absents des demoiselles qui font le grand écart au Château d'Asnières? Ce dont nous nous plaignons, c'eſt précisément de cette indifférence en matière d'amour qui accompagne presque toujours l'indifférence en matière de patrie. Ce sont d'autres œuvres que celles de Dumas qu'il aurait fallu proscrire. Quelles pièces interdirez-vous après les spéculations honteuses que vous avez non-seulement permises mais recommandées du haut de la tribune?

5 *octobre* 1867.

Malgré l'extrême bon marché du pain &
l'incroyable prospérité financière dont nous
continuons à jouir (ne riez pas, cette prospérité a été conftatée publiquement, il y a peu
de temps encore, par un miniftre qui n'a
d'autre portefeuille que celui de son agent de
change); malgré, dis-je, tous ces avantages
greffés sur notre influence extérieure, qui va
en augmentant tous les matins & en dimi-
nuant tout les soirs, la Bourse a eu avant-hier
l'impertinence de dégringoler comme si l'ennemi était, non pas seulement à nos portes,
mais dans nos chambres à coucher.

Tout à coup, un commissaire de police,
bardé de son écharpe, eft venu déclarer qu'il
circulait des bruits, mais qu'ils étaient entièrement controuvés & que les auteurs de ces
fausses nouvelles étaient activement recher-
chés. *Le Moniteur* qui a paru le lendemain,
pas plus que le commissaire de police qui

avait paru la veille, n'ayant expliqué de quelles nouvelles il s'agissait, la police va rencontrer des difficultés extrêmes à mettre la main sur le propagateur d'un bruit absolument indéterminé.

Eſt-ce le bruit d'une conflagration générale, le bruit d'une locomotive qui éclate ou le bruit d'une porte qui se ferme ? Au reſte le bruit en queſtion fût-il parfaitement caractérisé, je cherche en vain par quels procédés Vidocq lui-même arriverait à en découvrir l'inventeur. Une fausse nouvelle n'eſt pas un cadavre dont on puisse extraire de l'acide prussique ni de la digitaline. Si vous voyez un homme aller laver à la pompe un pantalon taché de sang, & si cet homme, qui vivait la veille avec du pain de munition & des fèves de marais, s'amuse à dépenser tout d'un coup deux mille francs par jour & à faire élever des chevaux pour le Derby, vous avez le droit de supposer qu'il a fait quelque mauvais coup. La fausse nouvelle eſt un crime dont la spécialité eſt de ne laisser aucune trace. Le coupable qui l'a commis ne se livre à aucun savonnage suspeſt & n'en mange pas une côtelette de plus à son déjeuner.

Je plains le juge d'inſtruſtion spécialement chargé des forfaits de ce genre. Allez donc dire aux habitants d'un village :

— Pardon, mes amis, vous n'auriez pas vu passer un colporteur ?

— Un colporteur ! qu'eſt-ce qu'il colportait ?

— Il colportait des fausses nouvelles.

Je suppose même qu'on parvienne à dénicher le colporteur. Quand vous essaieriez de lui prouver qu'il eſt le criminel auteur des nouvelles qu'il colporte, comment vous en tirerez-vous s'il vous répond tranquillement :

— Mon manque d'imagination me rend incapable d'inventer quoi que ce soit ; mais comme j'attendais pour traverser le boulevard Montmartre que l'omnibus eût passé, un inconnu m'a dit à l'oreille que M. de Bismark avait reçu le général Fleury comme quelqu'un qui viendrait dîner chez vous sans être invité. J'ai répété le propos. Maintenant, si vous voulez retrouver le monsieur qui m'a raconté les détails de cette réception, il eſt grand, un peu voûté, & doit ganter sept trois quarts. Voilà mes renseignements ; à présent, marchez.

Comment prouverez-vous à l'accusé qu'il en impose à la juſtice & que son soi-disant inconnu ne gante même pas sept & demi ?

Je suis curieux de savoir de quelle façon s'y prendrait le doɥteur Tardieu pour rendre compte de ce genre d'autopsie.

« La fausse nouvelle, près de laquelle j'ai été appelé, était déjà soumise à la rigidité cadavérique, & m'a paru avoir été surprise pendant son sommeil. J'ai rencontré dans les régions stomachales plusieurs accents circonflexes & quelques points d'exclamation assez mal mâchés pour m'autoriser à supposer que la viɥtime a été assaillie une heure au plus après son dernier repas. Elle était d'ailleurs vigoureusement conſtituée, quoiqu'elle portât un chignon d'emprunt, & paraissait deſtinée à avoir beaucoup d'enfants. »

La loi, du reſte, a eu soin de déclarer que l'intention ne la regardait pas & qu'elle pu-

nissait les nouvelles répandues de bonne foi,
ce qui laisserait supposer que ceux qui les ré-
pandent de mauvaise foi ne sont pas inquié-
tés. Je m'explique ainsi qu'on ait pu impu-
nément déclarer tout haut que les obligations
mexicaines conftituaient un excellent placement.

Il eft vrai que, pour être incriminée, la
fausse nouvelle doit être de nature à troubler
la paix publique, ce qui permet de ne pas appliquer la loi en temps de guerre. On a pu
s'en convaincre suffisamment , d'ailleurs ,
quand *le Moniteur* a annoncé officiellement
la prise de Sébaftopol, qui n'était pas encore
enlevé onze mois plus tard. Cette fausse nouvelle, de nature à troubler seulement la
guerre publique, n'en a pas moins permis au
Moniteur de refter au mieux avec les magis-
trats, qui, de leur côté, sont très-bien vus du
Moniteur.

Maintenant, si le gouvernement veut m'assurer une pension de douze cents francs re-
versible, après ma mort, sur la tête de Lamar-
tine, je me charge de lui prouver que toutes

les nouvelles, quoi qu'elles disent, sont de nature à troubler la paix publique. Ainsi, plusieurs journaux, doublés de quelques bandagiftes, ont annoncé ces jours-ci que le comte de Beaufort venait d'inventer une jambe articulée d'une telle perfection, que si un chien atteint d'hydrophobie vous en mordait le mollet, il eft probable que vous deviendriez enragé. Il paraît même que cette jambe étant de son essence insensible & infatigable, nous aurions tout avantage, tous tant que nous sommes, à nous faire extirper celles que la nature nous a départies, & qui, par les temps d'orage, font souffrir tant de chrétiens, pour les remplacer par les nouvelles jambes articulées, dont la supériorité n'a pas besoin de commentaires.

Eh bien ! je soutiens que ce fait divers eft susceptible, au plus haut point, de troubler la paix publique. Du moment, en effet, que les jambes poftiches seront à la fois plus légères & plus agréables à porter que les autres, la guerre deviendra un simple jeu de quilles. Chaque soldat aura dans sa giberne trois ou quatre spécimens de l'invention dont nous parlons. Lorsqu'un boulet jonchera le champ de bataille de ses membres épars, au lieu de recommander son âme à Dieu, le blessé s'écriera, en lui adressant des actions de grâces :

— Quel bonheur ! je vais donc avoir des jambes articulées !

Vous voyez comme désormais, dans des conditions aussi anodines, la guerre deviendrait facile à déclarer. Or, je n'ai pas besoin de le faire remarquer à nos lecteurs, dont l'intelligence passe toute mesure, il n'y a rien comme la guerre pour troubler la paix publique.

Voulez-vous une autre nouvelle de nature à troubler la même paix ? On assure que le poëte Barthélemy a laissé des mémoires, bien que ce bruit ait été démenti la semaine dernière. Il est évident que si ces mémoires ne contenaient aucune révélation, les rectifications ne se croiseraient pas avec cet acharnement. Cette idée que M. Barthélemy va peut-être m'apprendre que les hommes que je méprise le plus sont très-respectables, & que ceux devant lesquels j'ai la douce habitude de m'incliner avec respect sont d'affreux saltimbanques, cette idée, dis-je, est bien faite pour troubler ma paix publique, à moi, laquelle ressemble probablement à la paix publique des autres.

Si Barthélemy n'a pas écrit ses mémoires, doit-on appliquer une peine afflictive & infamante à ceux qui prétendent qu'il nous les a laissés? Si Barthélemy a laissé des mémoires, faut-il voir pourrir sur les pontons ceux qui soutiennent qu'il n'en laisse pas? Tout cela est bien compliqué, & si le gouvernement se décide a traiter de rebelles tous ceux qui racontent une aventure dont ils n'ont pas fait la preuve par neuf, il s'expose à traîner sur les bancs de la police correctionnelle les êtres qui lui sont & qui lui coûtent le plus cher.

7 octobre 1867.

Entre autres monomanies, nous avons celle de posséder toujours deux miniſtres, dont l'un signifie la paix & dont l'autre représente la guerre. 'Si Frémicourt reſte au pouvoir, c'eſt la guerre; mais c'eſt la paix, si Bourgachart se laisse atteler en flèche au timon de l'État. Je ne me suis jamais parfaitement expliqué ces deux spécialités, & je crois que le public ne s'en rend pas lui-même un compte bien exaɛt; mais le fait eſt là. Je suppose que vous logiez chez vous un ami arrivé de province pour visiter l'Exposition; vous lui dites en le trimballant sur les boulevards :

— Tu vois bien ce gros monsieur en habit vert-bouteille : eh bien ! c'eſt l'homme de la paix.

— Ah bah! Et cet autre en gilet orange ?

— Celui-là, c'eſt l'homme de la guerre.

— Eſt-ce qu'il s'eſt battu souvent ?

— Jamais de la vie. Il eſt doux comme un agneau. Un enfant monterait dessus. Seulement il faut bien représenter quelque chose : alors il représente la guerre. C'eſt une base de renseignements pour les Parisiens ; quand ils voient dans leur journal que l'habit vert-bouteille eſt parti pour Biarritz, ils se disent: Tiens! il paraît que tout s'arrange. Quand, au contraire, c'eſt le gilet orange qui monte en wagon, ils tournent vers le Rhin des regards épouvantés.

Ces personnages intermittents rappellent à l'homme impartial les jeunes porte-maillots des revues de fin d'année qui se représentent périodiquement devant la rampe en s'annonçant par cette poésie :

> C'eſt moi qui suis la bretelle :
> Je soutiens les pantalons,
> Et reſte toujours fidèle
> Au culte des boutons.

Nous sommes tombés tellement au-dessous du niveau de la mer & de tous les autres niveaux que nous ne comprenons même pas à quel point il eſt humiliant pour nous d'être obligés de consulter conſtamment ces deux marquis du Hallay pour savoir si nous allons nous battre ou non. Admettons qu'on nous donne un soufflet : il n'y a pourtant pas de Bourgachart qui tienne, il faudra bien marcher à la frontière & danser à la voix du canon. Si, au contraire, je n'ai eu à subir aucune injure, Frémicourt aura beau être miniſtre & venir chanter, comme ci-dessus :

C'eſt moi-même qui suis la guerre, etc.

je n'aurai aucune envie d'aller me mesurer avec des gens qui n'auront eu pour moi que de bons procédés.

Nous avançons dans une nuit si profonde que nous ne pouvions plus marcher sans poteaux indicateurs. Nous avons inventé le monsieur qui signifie la paix, celui qui veut dire la guerre, le monsieur qui représente l'armiſtice & le monsieur qui eſt l'emprunt. Celui-là n'a pas la signification la moins désagréable, & il paraît qu'on l'a vu rôder dans les environs.

Ce qui manque actuellement dans la collection, c'eſt un monsieur qui repréſente la confiance. J'entends répéter dans toutes les langues que nous traversons une crise. J'avoue que ce spectacle eſt nouveau pour moi. J'ai vu souvent des écuyères traverser des ronds de papier, mais je n'ai jamais vu un peuple traverser une crise. Malheureusement, il en eſt un peu des crises comme des phénomènes céleſtes. Il faut, pour les apercevoir, se servir de verres spéciaux & posséder en outre dans l'œil une pénétration particulière. Beaucoup de gens à qui on apprend le soir qu'une éclipse de soleil visible à Paris a eu lieu hier dans la journée se contentent de répondre :

— Vous m'étonnez. J'étais à Paris & je ne l'ai pas vue.

Le même vague doit se produire au moment des crises. Il nous faudrait un second Observatoire, qui fît annoncer dans les almanachs de l'année qu'à deux heures trente-cinq minutes quatorze secondes du matin la France traversera une crise, sans quoi nous ne nous entendrons jamais sur la portée de ce mot en usage dans les chambres de malades.

En effet, si je vous dis :

— Nous traversons une crise.

Vous me répondez :

— Non ; nous n'en traversons aucune.

Et il n'y a plus de discussion possible. J'en conclus que nous aurions encore besoin d'un sixième monsieur pour représenter la crise.

La première de la reprise d'*Antony*, au théâtre de Cluny, était annoncée comme devant conftituer un des éléments de la crise en queftion. Les opticiens avaient vendu dans la journée un grand nombre de jumelles noircies qui devaient permettre d'observer toutes les phases des phénomènes aftronomico-dramatiques qui devaient se produire. Cette fois, la crise a été invisible à Paris. Le succès a été très-grand, mais aucune tête n'a été portée au bout d'une pique, comme on paraissait le craindre. Si c'était en vue de cette soirée que l'adminiftration a organisé plusieurs brigades de sergents de ville à cheval, elle peut décommander sa cavalerie. Le fameux abonné du *Conflitutionnel*, qui joue dans la pièce le rôle que son journal joue dans la politique, n'a pas non plus essuyé les avanies auxquelles on pouvait s'attendre.

Il eft vrai que, tout cacochyme qu'il fût, *le Conflitutionnel* de cette époque était un sans-culotte, si on le compare à celui d'aujourd'hui. On le représentait alors sous les traits d'un vieux goutteux appuyé sur une béquille & protégé par un abat-jour vert. Ce *Conflitutionnel* eft un jeune homme qui depuis a terriblement renforcé sa béquille & élargi son abat-jour. A cette heure, non-seulement il n'a plus d'âge, mais il n'a plus même de sexe.

En 1834, c'eft-à-dire après le rétablissement de la censure, voici comment, dans une revue intitulée *la Tour de Babel*, Antony lui même, traité de bâtard par le journal qu'il a attaqué, qualifie son adversaire :

> Un bâtard octogénaire,
> Dont le langage eft glacé,
> Un vrai bâtard littéraire
> Dont le bon temps eft passé,

> Bâtard de bonapartisme,
> Bâtard de moralité,
> Bâtard de patriotisme,
> Et bâtard de liberté !

Ce couplet se chantait tous les soirs, & la ville était tranquille le lendemain. Aujourd'hui l'auteur qui produirait des ouvrages de ce genre ne pourrait guère les faire jouer que par les artiftes du théâtre de Cayenne. Nous n'avons, il eft vrai, que trente-trois ans de plus sur la tête, ce qui eft peu dans la vie d'un grand peuple, mais quand un personnage de vaudeville appelle maintenant une femme : Mon petit ange ! on défend la pièce sous prétexte qu'elle contient des outrages à la religion.

---

10 *octobre* 1867.

On s'écharpe en Espagne, on se mange le nez en Italie, on s'exécute à la Bourse, l'heure eft propice pour publier le *Code du*

Cérémonial, ainsi qu'a jugé à propos de le faire madame la comtesse de Bassanville. Quand un monsieur va être passé par les armes, ou fouetté par les mains du bourreau, il lui serait très-utile, en effet, de savoir si ce fonctionnaire s'eſt conformé à l'étiquette ; & quand on a reçu soi-même tant soit peu d'éducation, on ne tient pas à ce que le chef du peloton chargé de présider à votre dernière heure, soit en droit de venir vous dire au moment de commander le feu :

— Pardon, vous vous tenez très-mal en société. L'homme du monde qu'on fusille met un seul genou en terre & applique la main droite sur son cœur. Si, au contraire, il présente aux canons des fusils la partie postérieure de son individu, ou s'il fait un pied de nez au sergent d'exécution, il commet une faute très-grave contre le cérémonial & s'expose à ne plus être reçu nulle part.

Malheureusement, nous sommes laissés à nos propres inspirations sur la manière plus ou moins cérémonieuse dont il faut déclarer à son agent de change qu'on n'a que quarante-trois francs pour payer les soixante - seize mille francs qu'on a perdus dans le mois, & le code dont nous parlons s'occupe à peu près uniquement d'indiquer la conduite à tenir aux gens qui ont l'inappréciable avantage d'être reçus chez les souverains. Je n'ose me demander à quels actes de mauvais goût se livrent d'ordinaire les mortels privilégiés qui vivent dans la société des têtes couronnées ; mais il faut bien admettre qu'ils manquaient essentiellement de tenue puisqu'une comtesse se voit dans la nécessité de les rappeler aux convenances.

De leur côté, reconnaissons-le, les souverains ont bien tort d'inviter à leurs soirées intimes & de recevoir en audience particulière des sujets qui, comme le laisse entendre parfaitement l'auteur du *Code du Cérémonial*, se grattent avec leurs fourchettes dans les dîners officiels & grimpent sur la table au dessert pour chanter des couplets en l'honneur du monarque de leur choix.

Il paraît, par exemple, que lorsqu'on entre

chez un souverain, il faut, à moins que ce ne
soit dans l'intention de le détrôner, ce qui
simplifie de beaucoup les choses, il faut, dis-
je, faire trois révérences à diftances égales.
Deux révérences sont l'indice d'un élevage
imparfait, quatre révérences vous classent
dans le petit monde. C'eft l'observation de
ces nuances qui conftitue l'homme bien né;
mais, comme ceux qui fréquentent les cours
ne les obfervent pas, puisqu'on eft obligé de
publier des volumes pour les leur apprendre,
il s'ensuivrait que les souverains ne reçoivent
plus aujourd'hui que des gens mal élevés.
Conclusion terrible, à laquelle le nombre toujours croissant des culottes courtes donne
d'ailleurs un éclatant démenti.

En ce qui me concerne, ce qui m'empê-
chera probablement toujours de me faire une
position dans les palais, c'eft que, si d'une
part nous sommes aftreints à un cérémonial,
d'autre part les monarques qui nous reçoivent ne sont pas tenus d'en observer aucun
avec nous. Admettons que je manque à l'étiquette en ne faisant que deux révérences au

lieu de trois, il me déplaît de penser que le souverain n'y manque pas en me faisant reconduire par un de ses chambellans à grands coups de clef dans le dos. La partie n'eſt pas égale. Je suis dans la position de ce grincheux qui refusait d'ôter son chapeau quand il rencontrait un enterrement, parce qu'il n'admettait pas qu'il saluât les morts & que ceux-ci ne lui rendissent jamais son salut.

La difficulté qu'on éprouve à se pénétrer des différentes prescriptions de cette grammaire officielle démontre que le Français n'eſt pas fait pour gagner son pain à la sueur de ses révérences. Mais nous nous sommes toujours creusé le cerveau pour trouver les moyens d'être ridicules. Rien cependant n'eſt fait pour vous dégoûter des cérémonies comme la lecture du *Code du Cérémonial,* & je n'ai jamais, pour ma part, mieux compris qu'aujourd'hui tous les bienfaits de mon exécrable éducation.

J'ignore si les discours annuels prononcés dans les comices agricoles ont aussi leur cérémonial, mais il paraît être du meilleur ton d'y parler de tout excepté d'agriculture. La récente allocution de M. Troplong au comice du département où il aura un jour sa statue, eſt une merveille au point de vue du peu d'agriculture qui y a figuré. Si un soldat laboureur se disait :

— M. Troplong a prononcé un discours agricole. Il eſt président du Sénat, ce n'eſt pas un homme à me tromper ; je vais acheter le journal, afin de voir à quelle époque il faut semer la luzerne.

L'infortuné en serait pour ses trois sous. Toute l'année les orateurs du gouvernement adressent leurs compliments à l'agriculture, & quand le moment eſt venu de s'en occuper, ils se mettent à parler politique. Si encore, dans les discours politiques, on parlait de l'agriculture. Mais c'eſt vainement que la betterave demande la parole pour un fait personnel, & que la carotte menace de passer à l'opposition. Le seul champ dont se soit occupé M. Troplong, c'eſt celui des conjectures. Il y a des patriotes pour qui la vue d'une queue de poireau ou d'une feuille de salade eſt une occasion toute trouvée de parler de notre gloire du dehors & de notre tranquillité du dedans. Les légumes ont beau s'écrier, en levant les yeux au ciel :

— Mais au dehors nous manquons de fumier, & nous n'avons au dedans que des loches qui nous sapent par la racine.

L'orateur n'en continue pas moins à rendre hommage à Montesquieu & au pape Pie IX, à la législation de la presse ainsi qu'à l'expédition romaine, & le premier trognon de chou qui lui tombe sous la main lui fournit une occasion de flétrir les entreprises criminelles de Garibaldi.

Du reſte, quand un homme se ſent sur l'eſtomac un discours qui veut éclater, tout lui eſt bon pour provoquer l'explosion. Ainsi tous les ans M. de Persigny se rend armé d'une conférence écrite de la contenance de soixante-trois colonnes au cercle de la Diana, où l'on joue comme partout l'écarté en cinq sec & le billard sans blouse, & par le carambolage ordinaire. En voyant le président se lever, on peut croire qu'il va demander que le perdant soit tenu de payer les frais, ainsi que cela se pratique dans les cafés. Mais pas du tout ; il leur lit sa conférence, qui eſt reproduite immédiatement dans le *Conſtitutionnel*, & que les autres journaux ont, du reſte, la naïveté de discuter pendant huit jours.

Mais, puisqu'il n'en peut être autrement & que les bras qui manquent à l'agriculture ont été remplacés par les discours politiques, M. Troplong aurait bien dû profiter de la dernière récolte de pommes de terre pour nous dire comment il se fait que, sans preuves certaines, sans renseignements sérieux, il a pu déclarer officiellement, en plein Sénat, que le colonel Lopez avait livré l'empereur Maximilien pour une somme d'argent. Aujourd'hui Lopez donne à M. Troplong un démenti catégorique, &, comme les marchands de pommade, il offre cent mille francs à qui prouvera qu'il a reçu un centime & qu'il a livré qui que ce soit.

Notez que Lopez, coupable ou non, ne m'intéresse guère. Ce Mexicain, rallié aux oppresseurs de son pays, essayerait vainement de m'attendrir. Mais enfin, que M. Troplong s'explique. Pourquoi s'eſt-il permis d'annoncer que Lopez avait trahi, puisqu'il n'avait à ce sujet aucune certitude? Je suppose qu'un journaliſte imprime demain qu'un colonel français a reçu trois cents aĉtions du Crédit mobilier, ce qui ne ferait pas précisément une grosse somme, pour livrer M. Troplong. On irait jusque dans la banlieue acheter des anathèmes pour les jeter à la tête de ce publiciſte, & le président de la chambre correĉtionnelle, devant laquelle il ne manquerait pas de passer, se ferait non-seulement un devoir, mais un véritable plaisir de constater en pleine audience que les journaliſtes d'aujourd'hui se nourrissent uniquement de diffamations & de scandales, & que lorsqu'ils ont du monde à dîner ils ajoutent à ce menu un potage à la calomnie, un filet d'injures sauce Jarnac & une mayonnaise d'insinuations perfides à la crême de mauvaise foi. Il ajouterait qu'avec un peu de bonne volonté il était facile de savoir que jamais aucun colonel n'avait livré à personne le président du

Sénat, qui continuait à recevoir tous les mercredis.

Si nous autres, à qui l'on cache tout, nous sommes des condamnés du 6 mars quand nous nous trompons sur quelque chose, comment qualifierez-vous la légèreté de nos sénateurs qui, sans contrôle, acceptent comme acquis à l'hiftoire un fait divers des journaux américains? Quel eft donc le journalifte qui eût été assez imprudent pour rayer inftantanément de la lifte des décorés, comme l'a fait le grand chancelier de la Légion d'honneur, un homme sur la conduite duquel on n'avait en France aucune donnée positive ni même vague?

Eh bien, messieurs, comprenez-vous que les journaliftes s'égarent quelquefois maintenant, puisqu'à la face de l'Europe, & sans même vouloir l'entendre, vous avez condamné au déshonneur un homme probablement innocent? Nous ne pouvons guère lancer une assertion sans recevoir le lendemain, par huissier, une lettre de rectification & de reproche. Nous insérons la lettre comme la

loi nous y oblige quelquefois. Que ferait
M. Troplong si Lopez lui envoyait du Mexique un discours par huissier ? Le pronon-
cerait-il ? Vous allez encore dire que je me
nourris de diffamation : eh bien! je crois qu'il
ne le prononcerait pas.

———

13 *octobre* 1867.

Les vingt sous de Périnette ont maintenant
un pendant : ce sont les trente-cinq francs
du prince de Monaco que celui-ci refuse de
payer à M. David, entrepreneur de menuiserie, pour réparations au wagon-salon de cette
Altesse plus sérénissime que généreuse. Si
réellement la poésie n'eſt pas morte en
France, je crois qu'il y a encore là un motif
de romance. Au premier couplet on verrait
le prince de Monaco qui, sans crainte de pré-
cipiter son pays dans les terribles embarras
financiers dont nous souffrons ici, se déciderait à faire pour la réparation de son wagon

particulier une dépense de trente-cinq francs. Vainement son premier miniſtre lui ferait observer que c'eſt de gaieté de cœur courir à la banqueroute, le prince répondrait avec le cynisme de Louis XV :

— Après moi la fin du monde.

Au deuxième couplet, la menuiserie eſt terminée, & M. David vient présenter sa note.

— Trente-cinq francs ! répond Son Alteſſe, jamais de la vie. Toute ma liſte civile y passerait. Voulez - vous quarante - trois sous ?

— Au prix où eſt la main-d'œuvre, c'eſt impossible.

— Alors retirez-vous, ou je vous fais arrêter comme conspirateur.

— Très-bien, dirait le menuisier en sortant, nous plaiderons, & vous me paierez, quand je devrais y manger mon dernier morceau de bois.

Au troisième couplet l'affaire a été plaidée au tribunal de Marseille, & bien que l'avocat du prince ait essayé de prouver que le menui-

15.

sier eſt un de ces révolutionnaires incorri-
gibles qui cherchent tous les moyens d'affa-
mer leur pays, le souverain a été condamné
à payer les trente-cinq francs. M David prend
le bateau à vapeur afin d'aller toucher son dû
à Monaco ; c'eſt alors que Floreſtan Ier lui
adresse ces paroles mémorables :

— Comme débiteur, je vous autorise à venir palper vos trente-cinq francs ; mais comme
prince régnant, je vous interdis à tout jamais
l'entrée de mes États.

Je crois que la romance aurait beaucoup de
succès, parce que ce procédé eſt bien d'un
prince ami de la juſtice. Il eſt en effet d'un
bon exemple qu'un souverain, fût-il de
sixième classe, rappelle de temps en temps
aux nations de l'Europe que les lois ne sont
pas applicables à ceux qui les font. C'eſt
l'hiſtoire de l'homme qui excuse si volontiers
une faute chez la femme d'un ami & qui
pousse les hauts cris quand c'eſt la sienne qui
l'a commise.

Maintenant, que va devenir M. David ?
Va-t-il en arriver à faire saisir le palais du

prince de Monaco & à le faire mettre en
vente sur la mise à prix de trente-cinq francs?
Il eſt probable qu'il ne trouvera pas dans
tous le pays un huissier assez audacieux pour
inſtrumenter. Il y aurait cependant là, pour
cette corporation fort décriée, une belle occasion de se réhabiliter. Il serait beau de voir
un de ces officiers miniſtériels faire cette déclaration publique :

— Pour trente-cinq francs j'ai vendu main-
tes fois sur la place publique des malheureux
jusqu'à leur dernière bretelle, sans me laisser
apitoyer par leurs larmes & leurs supplica-
tions. Je vendrai le prince Charles IV comme
les autres, quand il se jetterait à mes genoux, en me promettant les épaulettes de
général.

Mais l'huissier, plus désagréable à la surface que les autres mortels, n'eſt pas moins
vicieux au fond. Chez lui, comme chez nous
tous, c'eſt comme une fatalité. Quand un
homme eſt sans ressource, ses prières nous
laissent inflexibles; mais pour peu qu'il occupe quelque part un poſte élevé, le plus cui-

rassé des recors sent des larmes d'attendrissement monter à ses paupières & couler le long
de ses joues frémissantes. Il n'y a là qu'un
hasard, n'en doutons pas, mais il se reproduit si souvent que les misanthropes pourraient croire à une préméditation.

La conduite du prince de Monaco, interdi-
sant l'entrée de sa principauté à un honorable
entrepreneur à qui il doit trente-cinq francs,
étonnera bien des gens. Elle découle pourtant de la logique la plus serrée. Dès qu'un
homme a en main la force, il ne songe plus
qu'à en abuser. La conteſtation soulevée par
ce principicule sera très-remarquée, parce
qu'il s'agit de la somme ridicule de trente-
cinq francs. Si la difficulté portait sur un territoire de quatre ou cinq millions d'habitants,
les huissiers seraient remplacés par des diplo-
mates, & personne ne consentirait à reconnaître que la situation eſt identiquement la
même ; c'eſt-à-dire que tous les hommes prennent au besoin des engagements, mais qu'ils
se font une fête de ne pas les tenir, dès qu'ils
ont le pouvoir de s'en dispenser.

En attendant, M. David écrit aux journaux
pour se plaindre de ce bannissement injuſte
qui lèse gravement ses intérêts. Mais peut-
être, après tout, doit-il s'eſtimer heureux d'en
être quitte à si bon compte ; car, en songeant
qu'il a été exilé pour trente-cinq francs, on
se dit avec terreur que, si le prince lui en
avait dû quarante-trois, il l'eût probablement
fait condamner à mort & exécuter sur la
grande place de Monaco. A cinquante-huit
francs, on le tenaillait préalablement aux
cuisses & aux mamelles.

Par ce temps de folles dépenses & de
luxe exagéré, nous saurons qu'il y a au moins
deux palais dans lesquels on pratique le
syſtème si vainement prêché des économies
sérieuses : le palais du prince de Monaco &
celui de l'Exposition universelle, récemment
vendu à la Russie, qui a eu l'obligeance de se
charger du transport. En même temps que je
lisais cette nouvelle, preuve évidente que
l'Exposition touche à ses représentations dernières, je découvrais à la troisième page de
mon journal cet avis myſtérieux :

Vient de paraître : *les Dangers de l'Amour*. (Voir aux annonces.)

J'ai vu aux annonces que ces *Dangers de l'Amour* conſtituaient un volume de près de cinq cents pages, ce qui démontre que l'amour eſt aujourd'hui beaucoup plus dangereux qu'à l'époque où les livres qui parlaient de lui n'en avaient que trois cents. Que vont en effet devenir, une fois le palais du Champ-de-Mars définitivement fermé, les escadrons féminins qui, depuis bientôt sept mois, mettent les porte-monnaie masculins à feu & à sec ? Les hôteliers ne m'inquiètent pas : ils remettront à quarante sous les chambres qu'ils avaient mises à cent-cinquante francs par jour ; mais les femmes qui ont mal tourné en vue de profiter des arrivages exceptionnels d'étrangers, mais les jeunes ouvrières qui ont mis la clef sous la porte de l'atelier pour aller voir si, à ne rien faire, elles ne gagneraient pas plus qu'à travailler, que vont-elles devenir ?

Reprendront-elles l'outil de la brunisseuse

ou l'aiguille de la piqueuse de bottines ? Cette hypothèse eſt peu admissible. Les moins gourmandes auraient, en grignotant leurs pommes de terre frites , des revenez-y de pattes de homard & de truffes au champagne qui les emporteraient dans le pays des rêves, lequel tourne le dos au pays du piquage de bottines.

On nous prêche que le travail c'eſt la liberté ; mais nous sommes bien obligés de croire le contraire, puisque ce sont les femmes les plus libres qui travaillent le moins. Or, je ne puis me figurer une jeune personne allant se faire inscrire dans un bureau de placement, & fournissant à la dame de la maison les renseignements suivants :

« Adélaïde, dix-neuf ans & demi, a passé deux mois avec un Américain qui lui donnait huit cents francs par semaine, loyer & voitures à part ; six semaines avec un Russe qui a failli placer sur sa tête les biens confisqués de plusieurs Polonais, & quinze jours avec un Japonais qui la gavait de nids d'hiron-

delles : Demande une place de bonne d'enfants. »

Il se produirait une rupture d'équilibre
dont la société tout entière finirait par souffrir. Paris eſt donc exposé à se trouver, d'ici à
très-peu de jours, avec plusieurs milliers de
femmes sur les bras. Avant l'Exposition, un
jeune homme & son patrimoine duraient six
mois entre les mains d'une biche d'appétit
ordinaire. Quand la population va se trouver
sur le pied de quatre femmes pour un fils de
famille, l'infortuné sera sur la paille en quinze
jours. Les conditions de la morale publique
vont subir une altération visible. On dira
d'un jeune homme qui demandera la main
d'une demoiselle à marier :

— C'eſt un garçon rangé comme personne.
La semaine dernière, il n'avait pas plus de
cinq maîtresses à la fois.

Je signale cet état de choses avec d'autant
plus d'empressement que je n'y vois aucun
remède. Mais s'il eſt utile de déclarer que de
cette fameuse Exposition tout ce qui reſtera

ce sont des femmes entretenues, il eſt douloureux de se dire qu'après avoir coûté tant
d'argent avant l'ouverture, elle en coûtera
encore davantage une fois qu'elle sera fer-
mée.

19 *octobre* 1867.

Comme le faisait très-judicieusement observer l'autre jour notre confrère & ami Pierre
Véron, notre position de fils aîné de l'Église
menace de nous coûter cher. Je crois qu'il
eût infiniment mieux valu, pour le bonheur
de la France, qu'elle fût simple fille cadette.
Si encore, en qualité de fils aînés, l'Église
nous avantageait sur son teſtament! mais
il eſt probable qu'elle ne nous laissera pas
un liard de plus qu'à ses autres enfants.
C'eſt vainement que la France crie à madame sa mère :

— Comme fille aînée, je croyais avoir toute
la fortune & laisser à mes autres sœurs les

travaux du ménage, le soin d'épousseter les étagères & la peine de faire reluire les uften-siles de cuisine. Pas du tout : non-seulement je suis forcée de tout faire dans la maison, mais chaque fois qu'il s'agit d'acquitter une note, c'eft *ma* pauvre argent qui danse.

Franchement, c'eft là un droit d'aînesse dont nous nous débarrasserions volontiers. Si Ésaü a cédé le sien pour un plat de len-tilles, je comprends que nous échangions le nôtre contre un plat de haricots blancs : que dis-je ? contre une écuelle de fèves de marais. La terrible & fatigante besogne à laquelle nous sommes soumis depuis si longtemps déjà doit faire trembler toutes les filles aînées du monde connu. Je suppose qu'une demoi-selle de bonne famille refuse de balayer le salon & de nettoyer au tripoli les croisées de l'appartement, sa mère aurait jusqu'à un cer-tain point le droit de lui dire :

— Tu es vraiment bien désagréable : vois la France, qui eft la fille aînée de l'Église, comme tu es la mienne. Il n'y a rien qu'elle ne fasse pour contenter sa petite maman.

Elle eft allée à Rome une première fois; elle va probablement y retourner une seconde, puis une troisième, une quatrième & ainsi de suite, jusqu'à ce que l'Église la prie d'aller ailleurs. Et devant ce grand exemple tu refuserais de balayer le salon!

La demoiselle récalcitrante pourrait répondre, il eft vrai, que cette formule, « fille aînée de l'Église, » eft de pure convention, puisqu'à sa connaissance l'Église n'a jamais eu d'enfants. Elle aurait même le droit d'ajouter que c'eft là un de ces mots comme la diplomatie aime à en produire de temps en temps, qui sont creux, séduisants & parfaitement inexplicables. Cette dernière qualité eft même la plus précieuse des trois, car, s'ils étaient explicables, il faudrait les expliquer, & le jour où on les expliquerait il deviendrait encore plus difficile de les comprendre.

Je me demande maintenant ce que nous penserions si, par exemple, la Belgique, l'Espagne, ou même la principauté de Monaco venaient déclarer qu'elles sont plus filles aînées de l'Église que la France, & si elles défiaient cette dernière puissance de produire son état civil. Bien que la recherche de la maternité ne soit pas interdite, j'avoue, quant à moi, que je serais bien embarrassé de fournir cette preuve. Car enfin, on m'assure que je suis fils aîné de l'Église : je veux bien le croire; mais que le roi Théodoros meure à l'inftant si je sais à quelle mairie eft déposé l'acte où se trouve consignée cette vérité.

Mais il n'y a pas à revenir sur les phrases toutes faites, une fois qu'elles sont adoptées. Si quelqu'un soutenait publiquement que la France n'eft pas la fille aînée de l'Église, tout le monde attendrait que la terre s'entrouvrît pour engloutir ce téméraire, & c'eft à qui s'écrierait :

— A quoi pense donc la terre? elle ne s'entr'ouvre pas.

Je n'oublierai jamais la ftupéfaction qu'un Anglais a un jour jetée dans un compartiment de chemin de fer où je me trouvais, en nous racontant que nous nous trompions complétement sur Hudson Lowe, & que c'eft lui qui a été conftamment persécuté par Napoléon.

Chaque fois que le gouverneur de Sainte-Hélène venait annoncer à son illuſtre prisonnier que la soupe était sur la table, celui-ci le menaçait du tribunal de la poſtérité. Napoléon, continuait l'Anglais, se levait le matin à quatre heures, & après avoir prié un de ses fidèles serviteurs qu'on allât lui chercher son geôlier, il lui annonçait que ce jour-là il désirait mettre les bottes qu'il portait à Marengo.

— Mais, lui répondait sir Hudson Lowe, j'ignore absolument ce qu'elles sont devenues, & malgré tout mon désir de vous être agréable, je ne peux cependant pas envoyer à deux mille cinq cents lieues chercher les bottes en queſtion.

— Je n'insiſte pas, disait le prisonnier, mais soyez tranquille, demain vous aurez votre petite affaire dans le Mémorial que je suis en train de diĉter à Las Cases.

Du reſte, messieurs, continuait l'Anglais, je vous fais juge : jamais mon compatriote n'a écrit une ligne diffamatoire contre son prisonnier, qui a passé sa captivité à signaler son gardien comme un malfaiteur de la plus dangereuse espèce. Celui des deux qui a nui à la réputation de l'autre, c'eſt évidemment Napoléon. Quant à sir Hudson Lowe, loin d'avoir été, comme vous persiſtez à le croire, le bourreau du vainqueur d'Auſterlitz, il n'a pas cessé une minute d'en être la victime.

N'y a-t-il pas là, je le demande au lecteur, de quoi être retourné comme un gant dans ses convictions les plus chères? On sent que rien ne tient plus, & que tout eſt à défaire dans l'ensemble comme dans les plus petits détails. Ainsi, ce n'eſt pas sans un découragement voisin du désespoir, que j'ai suivi ces jours-ci le procès de cette malheureuse demoiselle, qui, depuis 1833, réclame des terrains situés devant le mont Saint-Michel, & que le Domaine retenait avec d'autant plus d'énergie qu'ils ne lui appartenaient pas.

Tant que cette infortunée a été jeune, & conséquemment en état de jouir de sa fortune, elle eſt reſtée dans une noire misère. Aujourd'hui que la voilà vieille & incapable de profiter de son bonheur, les tribunaux décident

qu'elle avait été injuſtement dépossédée par
le Domaine, ce monsieur sans gêne qui prend
tout ce qui lui tombe sous la main. C'eſt là
encore une des merveilles de notre organisa-
tion sociale. Pour peu que vous ayez des
droits sur un bout de terrain de la contenance d'un pot de fleurs, au moment où vous
venez en prendre possession, vous vous trouvez obligé, comme l'homme masqué, de lutter
contre quatre ou cinq prétendants dont vous
ne soupçonniez pas même l'exiſtence. Des
gens vêtus de noir vous annoncent que le Domaine revendique le coin nord de votre terrain. En revanche, le Fisc met opposition sur
le coin sud.

— Mais, dites-vous, très-surpris de cette
concurrence, puisque le Domaine m'a déjà
réclamé le coin nord.

— Le Fisc & le Domaine sont deux pouvoirs entièrement séparés, vous répondent les
gens vêtus de noir. C'eſt comme si vous les
compariez tous les deux à la Couronne, qui
en diffère essentiellement, & qui s'apprête à
vous demander également un troisième coin

qui, si nos informations sont exactes, lui appartiendrait depuis Hugues Capet.

— Ah ! vraiment, la Couronne n'a aucun rapport avec le Fisc & le Domaine ?

— Pas plus que l'État, auquel revient, dit-on, le quatrième coin, n'a de rapport avec la Couronne.

Si un terrain de forme carrée pouvait avoir un cinquième coin, je suis convaincu qu'un cinquième pouvoir se présenterait pour se l'annexer. Il ne se l'annexe pas toujours, mais avant d'avoir successivement triomphé de vos quatre adversaires, vous avez vu, peu à peu, vos dents tomber, vos cheveux blanchir & votre colonne vertébrale se voûter comme un tunnel. Vous vous êtes présenté au tribunal avec une canne à pomme d'or, vous y rentrez avec des béquilles. Quelquefois vous êtes à Bicêtre, section des bons pauvres, quand on vient vous annoncer que toutes les juridictions ayant été épuisées, enfin le pot de fleurs est à vous. L'émotion est alors tellement forte que vous mourez d'apoplexie dans la nuit.

Il eft vrai qu'après avoir vécu à peu près sans manger pendant une quarantaine d'années, vous vous trouvez subitement à la tête d'une fortune qui vous permet de vous faire embaumer par Gannal, ce cuisinier célèbre entre tous dans l'art d'accommoder les reftes.

---

21 octobre 1867.

Je lis partout depuis deux jours que la parole eft aux événements. Moi, qui ne puis avoir la prétention d'être un événement, je devrais donc me taire, mais je ne puis résifter au besoin de m'extasier un peu sur l'effroyable influence que les femmes ont prise, dans ces dernières années, sur les natures appauvries dont se compose maintenant notre sexe. Ainsi, tandis que les incidents les plus dramatiques passionnaient l'Europe en éveil; tandis que le Mexique inventait des volcans pour avoir une occasion de danser dessus, & que l'Italie écrivait au maire d'Avignon de faire remettre du papier au palais des papes, une simple comédienne du théâtre de Vienne trouvait moyen de se faire épouser par l'archiduc Henri, propre cousin de S. M. l'empereur d'Autriche, roi de Hongrie, duc d'Oſtrogothie & autres lieux.

C'eſt même de la part du jeune archiduc une façon originale de chercher des consolations à la mort récente de son parent, fusillé, comme on sait, dans des circonſtances mémorables. Ce mariage égrillard me rappelle la conduite de cet homme déjà d'un certain âge, qui, tous les soirs de bal, allait à Mabille, danser le pas du radis noir, & exécuter toutes les voltiges chorégraphiques patronnées par le grand Chicard. Tout en se livrant à son cours de dislocation, il criait à la foule qui faisait cercle :

— Ce que j'en fais, ce n'eſt pas pour mon plaisir. J'ai perdu ma femme la semaine dernière, & j'en ai conçu un tel désespoir, que, de l'avis de tous les médecins, je n'y résisterais pas quinze jours si je ne me donnais pas de violentes diftractions. Je saute comme un cabri, mais c'eft pour oublier ; je fais la roue devant l'orcheftre, mais c'eft afin d'éloigner une image qui m'obsède.

Je ne dis pas que le jeune Henri irait, pour oublier la mort de Maximilien son parent, jusqu'à figurer dans le quadrille de Clodoche, mais il me semble entendre mademoiselle Hoffmann (c'eft le nom, d'ailleurs juftifié, de l'héroïne de ce conte fantaftique) tenir ce langage à son archiduc ordinaire :

— Si tu te laisses aller à tes idées noires, tu es perdu. Épouse-moi, je te raconterai de petites hiftoires de coulisses qui te feront bien rire, & de temps en temps nous jouerons ensemble des pièces à deux personnages comme *Litschen et Fritchen* ou *Passé minuit*. C'eft toi qui feras le rôle d'Arnal.

Il eft vrai que pour amortir le coup funefte porté par cette mésalliance à l'arifocratie viennoise, la jeune figurante, qui n'était que princesse de la rampe, a été nommée préalablement comtesse de quelque chose, je ne sais pas bien de quoi, ni elle non plus probable-

ment. C’eſt absolument comme si un monsieur disait à une demoiselle qu’il rencontre-
rait sur les boulevards :

— Je t’épouse ; mais comme tu es une cou-
reuse émérite, je vais d’abord te faire nommer
honnête femme par un décret qui paraîtra
demain au *Moniteur*.

Quelque étrange que soit le speĉtacle d’un
prince du sang prenant pour épouse légitime
une jeuñesse dont la profession eſt de venir
annoncer à la fin des aĉtes que le dîner eſt
servi, je ne m’en affligerais pas autrement, si
je ne voyais, dans la fréquence de ces unions
mal assorties, les symptômes d’un accroissement fatal de la puissance féminine. Ceux
que je plains dans ceci, ce ne sont ni les archiducs qui épousent des aĉtrices, ni les aĉtrices qui épousent des archiducs, mais bien les
peuples qu’archiducs & aĉtrices peuvent être
appelés un jour à gouverner.

Supposons, en effet, que des circonſtances,
dont le secret échappe à la clairvoyance humaine, fassent du fiancé de mademoiselle Hoffmann l’héritier présomptif de l’empire d’Au-

triche : voilà son épouse impératrice. Il eſt clair qu'une gaillarde assez forte pour amener un prince du sang à un mariage sérieux prendra sans conteſtation la direction des affaires de l'Etat. Vous voyez d'ici ce qui se passerait alors. Elle se lèverait le matin en se disant :

— Il y a à mon théâtre un ténor de beaucoup de talent : si je le choisissais pour notre premier miniſtre ?

Aux hommes d'État les plus diſtingués du pays elle préférerait son ancien souffleur & le chef des machiniſtes. Et après avoir choisi dans le corps de ballet ses principales dames d'honneur, elle finirait par faire voter par les Chambres des lois sur le maquillage. Tel eſt l'avenir réservé aux nations chez qui le sceptre tombe, non pas en quenouille, la quenouille étant un inſtrument de travail & d'induſtrie, mais en crinoline & en fausses nattes. Les femmes, ne l'oublions pas, sont peut-être créées pour tenir les rênes d'un huit-ressorts, mais malheur aux peuples chez qui elles tiennent les rênes du gouvernement! Elles ne tardent pas à considérer le char de l’État comme un panier à salade, & on n’ignore pas que les femmes ont la manie de conduire elles-mêmes.

Eloignons énergiquement cette idée qui tendrait à convertir un grand royaume en théâtre des Bouffes politiques, quoique la mort du fameux aigle, *dont auquel* la plume a signé le traité de Paris, nous ait rappelé que tout ici-bas eſt cabotinage & mise en scène. On rougit involontairement pour son pays, quand on songe que les journaux étaient alors pleins de cette plume & de cet aigle, & que quelques-uns ont même raconté que le noble volatile s’était prêté à l’opération avec une bonne grâce qui témoignait à quel point il avait conscience du rôle important qu’il jouait dans l’affaire. C’eſt à croire qu’on n’ensanglante l’Europe à intervalles réguliers, qu’on n’invente des canons portatifs & des torpilles sous-marines, qu’afin d’avoir un jour l’occasion de signer avec une plume d’aigle des traités qui ne seraient pas plus respeſtés, du reſte, s’ils étaient signés avec une plume d’oie.

Franchement, si c'eſt dans le but de frapper les populations de respeċt qu'on a recours à ces procédés de cirque olympique, les peuples sont bien méprisables & se laissent frapper pour trop peu de chose. L'aigle eſt du reſte un animal féroce, qui se nourrit de chair humaine, dévore les faibles & respeċte les forts. C'eſt probablement ce qui l'a fait nommer le roi des oiseaux par les ornithologues. S'il s'était nourri de millet ou de blé de Turquie, qu'il n'eût pas mangé ses confrères, & qu'au lieu de leur faire la chasse il eût protégé les perdrix, les naturaliſtes l'auraient appelé le roi des imbéciles.

Aujourd'hui que cette phrase de convention (du 15 septembre) : « La parole eſt aux événements, » eſt plus en honneur que jamais, que doit-on conclure de la mort de cet aigle aujourd'hui remplacé par un autre qui prêtera sa plume avec la même docilité pour la signature d'un second traité, lequel dira peut-être tout le contraire de ce qu'avait décidé le premier. Le moment eſt aux interprétations. C'eſt aux journaux qui nous ont annoncé

qu'ils ne se sentaient pas de joie d'avoir con-
tribué à signer le traité de Paris, à nous apprendre pourquoi il eſt mort. Moi, je crois
qu'il a succombé à un morceau de filet de
bœuf qui lui eſt reſté dans l'œsophage; mais
cette vulgaire explication ne peut pas satisfaire nos prophètes, qui fourrent la Providence
dans toutes leurs mayonnaises.

Il faut avouer d'ailleurs que la mort de
l'aigle du Jardin-des--Plantes, coïncidant avec
la deſtruction des chaises du boulevard, donne
beau jeu à Mathieu Laënsberg. On prétend
qu'à toutes les époques, aux approches des
grands cataclysmes, les chaises ont été trou-
vées sur la voie publique brisées par une main
inconnue. La veille des éclipses, notamment,
on a conſtaté à plusieurs reprises des pluies
de bâtons de chaises. Une chansonnette célèbre, ironiquement intitulée la *Maison tranquille*, débute ainsi :

> Ohé! les p'tits agneaux,
> Qu'eſt-ce qui cass' les verres?

Je propose cette variante :

Ohé! les p'tits agneaux,
Qu'eſt-ce qui cass' les chaises?

Et la chanson, au lieu de la *Maison tranquille*, s'appellerait : le *Calme effrayant*.

———

24 octobre 1867.

Savez-vous au juſte pourquoi la France
prie en ce moment les navires d'endosser
leurs cuirasses, polit ses canonnières, fourre
des balles coniques dans les canons de ses
fusils, & pourquoi l'agence Havas nous expé-
die depuis trois jours les télégrammes suivants :

3 heures 10 minutes.

« Le général Dumont a reçu l'ordre de
s'embarquer. »

3 heures 12 minutes 1/2.

« Le général Dumont a reçu l'ordre de ne
pas s'embarquer. »

3 heures 15 minutes.

« Le général Dumont a reçu l'ordre d'embarquer sa jambe droite, mais d'attendre de
nouvelles inſtructions pour embarquer sa
jambe gauche. »

Savez-vous aussi pourquoi les militaires
en congé ont été gracieusement invités, sous
peine d'être considérés comme déserteurs, à
rejoindre leurs corps respeƈtifs? Non, vous
ne le savez pas; eh bien! je vais vous le dire :
c'eſt parce qu'on n'a pas joué assez souvent
dans ces dernières années le *Voyage de
M. Perrichon*. On se rappelle ou plutôt on ne
se rappelle pas suffisamment que cette ingé-
ñieuse comédie repose sur cette intrigue : Un
bourgeois, après avoir dans une excursion en
Suisse sauvé la vie à un jeune homme, eſt à
son tour tiré d'une crevasse où il allait périr
par un autre jeune homme, son compagnon
de voyage. Le premier sentiment du public
eſt que le bourgeois va donner non-seulement
son amitié, mais encore sa fille à son sau-

veur, qui l'aime. Pas du tout. La sympathie de Perrichon se porte tout entière sur celui qu'il a sauvé. Il le dorlotte, il le promène, il voudrait le faire monter en épingle. En revanche, la vue de l'autre candidat l'exaspère, & plus celui-ci remet sous ses yeux le service qu'il lui a rendu, plus Perrichon le prend en grippe. Il finit même par déclarer qu'il ne lui sait aucun gré de son sauvetage, attendu qu'il a la conviction que si lui, Perrichon, eſt tombé dans un trou, c'eſt que l'autre l'y a poussé pour avoir un prétexte de l'en retirer & s'en faire plus tard un mérite.

L'Italie, c'eſt Perrichon, & nous représentons le jeune homme qui arrache à la crevasse ce bourgeois récalcitrant. Si nous avions pris la peine d'étudier le cœur humain au lieu de rédiger des protocoles & d'aller à Vincennes faire la petite guerre qui eſt presque aussi inutile que la grande, nous aurions compris plus tôt qu'à force de répéter à l'Italie que nous l'avions tirée du néant, nos bienfaits finiraient par lui tourner sur le cœur. Je suppose, ce qui après tout peut parfaitement

arriver, que je sois un jour invité à aller danser à Compiègne, & que, n'ayant pas de
culotte courte, je me voie obligé d'en em-
prunter une à un de mes amis. Rien ne me
serait pénible comme d'entendre cet ami me
dire tout haut à la figure la plus intéressante
d'un quadrille :

— Tu sais, ne mets pas trop les mains sur
tes genoux, tu vas faire des taches de graisse
à la culotte que je t'ai prêtée si obligeam-
ment.

Si, sous prétexte que vous avez accepté
cent sous un jour de dîner problématique, le
monsieur qui vous les a offerts fondait des
journaux quotidiens pour vous le rappeler
dans les éditions du matin & dans celles du
soir, votre aversion pour cet homme géné-
reux, mais insupportable, affecterait bientôt
tous les caractères de l'épilepsie. Nous avons
rendu à l'Italie tous les services imaginables;
mais, nom d'un tonnerre! l'avons-nous assez
raconté à nos voisins! Autrefois, quand on
parlait de cette contrée fertile, on conſta-
tait qu'elle avait la forme d'une botte; au-

jourd'hui , on déclare qu'elle nous doit tout.

Italie, — *presqu'île qui nous doit tout,* diront les géographies de l'année prochaine. La première fois que nous avons avancé cette proposition, l'Italie a repété avec une grande bonhomie :

— C'eſt vrai, nous leur devons tout.

La seconde fois, elle a encore reconnu sa dette; à la dixième fois, elle a commencé à nous trouver monotones, & à la huit mille cinq cent soixante-seizième fois, elle a fait comme M. Perrichon, elle nous a pris en grippe & a offert sa fille à un autre.

Ce que j'ai, quant à moi, le plus sincèrement admiré dans les évolutions de ces derniers jours, c'eſt cette exclamation poussée par Victor-Emmanuel & répercutée par tous les journaux « qu'il y perdrait sa couronne. » Ce cri du cœur eſt la plus naïve des révélations. Le roi d'Italie ne pouvait avouer avec plus d'abandon que, s'il tient à Rome capitale plutôt qu'à Rome sous-préfecture, c'eſt surtout parce que la place lui paraît bonne & les appointements suffisans. Rien, en effet, n'eſt plus secondaire que cette queſtion. S'il perd sa couronne, eh bien ! il n'en aura plus. L'important eſt de savoir si le peuple italien sera plus heureux avec Rome que sans Rome : mais où eſt la nécessité que Victor-Emmanuel ait une couronne ?

Le roi d'Italie s'imagine probablement que les peuples s'abordent dans les rues en se disant, avec tous les signes de la joie la plus vive :

— Quel bonheur ! Victor-Emmanuel a une couronne.

C'eſt là une erreur foncière ; mais, Dieu merci ! nous n'en sommes pas à une erreur près. Nous n'avons même qu'à choisir dans la colleâion. Ainsi, je lis cette phrase dans le texte du jugement qui vient de condamner *l'Époque* pour publication de fausses nouvelles :

« Attendu que ces nouvelles ont été officiellement démenties par un *Communiqué* adressé au journal *l'Époque*, & qui a été inséré dans ses colonnes ;

« QU'ELLES SONT DONC FAUSSES. »

Ce petit paragraphe n'a l'air de rien, cependant il établit que le rédacteur d'un *Communiqué* eſt un être infaillible dans l'ordre adminiſtratif, comme le pape dans l'ordre spirituel. Il résulte de cette infaillibilité, conſtatée par le tribunal, que les lois, ordonnances & décrets peuvent être tous remplacés par des *Communiqués*, attendu que les lois demandent souvent des modifications, tandis que le *Communiqué*, ne pouvant pas se tromper, simplifierait remarquablement le mécanisme judiciaire.

Outre que la Cour d'appel & la Cour de cassation se trouveraient supprimées, les témoins qu'on eſt obligé de faire venir quelquefois de si loin pour déposer dans les affaires criminelles n'auraient plus aucune raison d'être. On enverrait à l'accusé la petite note suivante :

« Vous prétendez que vous étiez à Bougival le jour du crime qui s'eſt commis à Marseille. L'adminiſtration ne peut laisser passer de pareilles assertions sans y répondre.

Elle déclare donc que non-seulement vous étiez à Marseille, mais que vous êtes condamné à mort, & que vous serez exécuté lundi prochain. »

(Communiqué.)

On ne saura jamais jusqu'où pourrait nous mener la théorie émise dans la condamnation contre le journal *l'Époque*. Un jour, dans la vallée de Josaphat, quand nous nous retrouverons tous à la barre du même tribunal, nous serions donc jugés non pas sur nos faits & geftes, mais sur les communiqués que nous aurons encourus de notre vivant. L'hiftoire elle-même ne nous appartient plus. S'il prend fantaisie à un communiqué de nous faire savoir que Napoléon Ier eft mort fusillé par le duc d'Enghien, sommes-nous tenus d'accepter cette assertion sans avoir le droit d'aller aux preuves?

Le communiqué doit-il remplacer désormais l'Evangile & les trois vertus théologales? Je ne m'y oppose pas, mais on a toujours prétendu que la foi transportait les montagnes. Avant de croire à la toute-puissance du communiqué, j'aurais voulu lui voir au moins transporter deux ou trois petites collines.

———

Novembre 1867.

Tout gouvernement, en entrant en fonctions, devrait être tenu de dresser le programme des cris qui pourront être proférés sous son adminiftration. Que répondriez-vous à un homme qui vous ferait la déclaration suivante :

— En 1859, sur la place de l'Hôtel-de-Ville, j'ai reçu des poignées de mains de plusieurs officiers de paix, qui criaient en même temps que moi : *Vive l'Italie !* En 1867, sur la même place de l'Hôtel-de-Ville, j'ai été arrêté par les mêmes officiers de paix, pour avoir poussé le même cri de : *Vive l'Italie !*

En faisant rédiger comme je le propose un

menu par nos cuisiniers politiques les plus diftingués, nous ne serions pas exposés à ces malentendus. On ne se joindrait jamais à une manifeſtation sans avoir dans sa poche la carte du jour, que chacun consulterait avant d'ouvrir la bouche.

En effet, nos principes sont tellement arrê-tés que ce qui était séditieux hier ne l'eſt plus aujourd'hui, & ce qui ne l'eſt pas ce soir le sera demain matin. Outre que chacun pourrait crier à la carte ou à prix fixe, les en-quêtes toujours si embrouillées sur les délits de ce genre, se trouveraient singulièrement simplifiées. D'autre part, les jeunes gens déci-dés à crier sauraient à quoi ils s'exposent. Ils se diraient :

— Le plat du jour était : « Vive Belmon-tet ! » & j'ai crié : « Vive Garibaldi ! » Il eſt évident que je me suis mis en contravention, attendu que ces deux hommes diffèrent essen-tiellement l'un de l'autre.

Si tous les cris étaient indiſtinctement interdits sur la voie publique, je m'inclinerais devant la loi comme un simple roseau, mais

certaines exclamations étant non-seulement
permises, mais même fortement encouragées,
j'ai bien le droit de demander qu'on établisse
au moins une censure qui donnerait des con-
sultations sur la conduite à tenir dans les
rassemblements.

— J'ai l'intention, dirait quelqu'un, de
crier : vive l'Allemagne! dans un cimetière;
croyez-vous que je puisse sans danger me
passer cette fantaisie?

— Pas maintenant, répondrait la commission d'examen après s'être consultée. Dans
quelques mois peut-être, mais pas maintenant. En revanche si vous voulez remplacer
votre : vive l'Allemagne! par : vive l'Emprunt de la paix! nous n'y voyons aucun
inconvénient.

Le plus simple serait alors d'aller trouver
le directeur de la prison de Mazas & de lui
tenir ce langage :

— Monsieur, j'ai l'intention de pousser
aujourd'hui, à la hauteur du Gymnase, un
cri coupé par la censure. On m'arrêtera, &
comme les agents s'imaginent qu'on leur a

résifté quand on ne les remercie pas avec
eflusion de vous avoir mis la main sur le
collet, il eft probable que j'en aurai au moins
pour mes quinze jours. Recevez-moi tout de
suite. Vous m'épargnerez ainsi quelques
coups de poing, outre une promenade mal-
saine par ces temps humides, & vous me re-
lâcherez dans cinq jours, comme on l'a fait
pour les autres prévenus reconnus innocents.
Car, en France, quand on eft coupable de cris
séditieux, on fait quinze jours de prison, &
on en fait cinq quand on ne l'eft pas. J'ai
toujours pensé que si le contraire avait lieu
& si les innocents reftaient en prison plus
longtemps que les coupables, l'effet produit
serait encore plus salutaire.

Tant qu'à côté du *Code du cérémonial* nous
n'aurons pas le Code des *manifeftations publiques, guide officiel des cris séditieux*, il
faut s'attendre à ces quiproquos. Tous les procès de ce genre se résumeront à ceci :

— Vous avez proféré des acclamations dé-
fendues.

— Je croyais qu'elles étaient permises.

Je sais bien en effet en quoi une femme honnête diffère d'une femme qui ne l'eſt pas, & si j'aperçois la nuit un individu forçant la serrure d'une boutique, je vois tout de suite que cet homme n'eſt pas doué d'inſtinɕts excessivement délicats. Mais je défie le plus roué de nos jurisconsultes de définir au juſte les caraɕtères diſtinɕtifs qui font qu'un cri public eſt plus condamnable qu'un autre. Cette phrase que nous entendons journellement retentir sous nos fenêtres :

— Avez-vous des bouteilles cassées ?
pourrait être grosse d'orages à un moment donné. Il y a pourtant un moyen de tout arranger, auquel personne ne pense, quoiqu'il soit de beaucoup le meilleur de tous, ce serait de laisser chacun pousser le cri qui lui convient. Mais il neigera encore bien longtemps sur la montagne, & nous verrons se succéder bien des générations de sergents de ville avant qu'il vienne à un magiſtrat français l'idée qu'un homme eſt fait pour exprimer ses opinions à lui, & non pour flatter celles des autres.

17.

Au fond, tout le monde eſt d'accord que rien n'eſt honteux pour un homme comme de crier : vive Jacques ou Euſtache, quand c'eſt Joseph qu'il porte dans son cœur, mais la morale politique eſt le contraire des autres. M. Nisard, qui a découvert deux morales, eſt aujourd'hui bien diſtancé. Nous en possédons trois ou quatre. Le fait que citait dernièrement le *Journal de Paris*, feuille quotidienne rédigée par des écrivains d'un talent aussi ferme que leur bon sens eſt inattaquable, prouve surabondamment qu'en fait de morales, personne ne sait à quels chiffres nous nous arrêterons. En même temps, par exemple, que le *Moniteur* publiait les décrets suivants :

« M. Magne eſt nommé miniſtre des finances en remplacement de M. Rouher dont la démission eſt acceptée. »

Et

« M. Pinard eſt nommé miniſtre de l'intérieur en remplacement de M. de la Valette dont la démission eft acceptée. »

Le journal officiel étalait sous nos yeux surpris cet entrefilet :

« C'eft sur sa demande que M. Rouher a été relevé de ses fonctions de miniftre des finances qu'il n'avait acceptées que temporairement. »

Douce candeur! naïveté charmante! Puisque M. Rouher a offert sa démission qui a été acceptée, il eft bien évident qu'il a été remplacé sur sa demande. Ce n'eft donc pas sur leur demande qu'on accepte la démission des autres miniftres? Il eft impossible de livrer avec plus d'abandon le secret de la comédie. Il paraît que les fonctionnaires ont une façon à eux de se démettre. Un employé de confiance vient leur dire le matin :

— Monsieur le miniftre, une chose que vous ne savez peut-être pas, c'eft que vous venez de donner votre démission.

— Ah ! bah ! j'ignorais en effet cette circonftance de ma vie.

— C'eft pourtant la vérité pure. Vous avez
donné votre démission hier soir, & elle a été
acceptée ce matin.

Un homme qui ne saurait ni lire ni écrire,
& à qui on viendrait apprendre qu'il a une
pièce en cinq actes reçue au Théâtre-Fran-
çais, ne serait pas plus surpris que ne devrait
l'être un miniftre à qui on annoncerait que
sa démission a été acceptée sur sa demande.
Mais, à une époque affectée, comme la nôtre,
d'une paralysie du sens moral, cette note,
qui eft, en réalité la plus cruelle des avanies,
eft considérée comme une réclame. Le *Moniteur*, en effet, ne pouvait dire plus clairement
au public :

« — Nous vous annonçons de temps en
temps que des miniftres ont donné leur démission. Mais quoique nous n'ayons aucune
raison de vous croire bien forts, nous ne vous
supposons cependant pas assez bêtes pour

admettre qu'un Français né ambitieux, qui se voit traité d'Excellence par ses visiteurs, qui porte aux banquets de l'Hôtel-de-Ville des habits ruisselant d'or & de décorations, & qui plonge jusqu'au coude dans les mystères du budget, va de gaieté de cœur sortir de ce rêve d'opium pour rentrer dans la vie privée ou même dans le conseil de ce nom. Vous savez très-bien qu'en termes diplomatiques donner sa démission signifie recevoir ses huit jours. Mais comme nous tenions à ce qu'on n'ignorât pas que M. Rouher avait lâché volontairement le portefeuille des finances, nous avons écrit que, non-seulement il donnait sa démission, mais que, par hasard & pour cette fois seulement, il la donnait sur sa demande.

« Cette phrase n'a aucun sens, nous en convenons volontiers, mais nous avons mieux aimé violer audacieusement toutes les lois de la rhétorique française, que de laisser la moindre ambiguïté dans l'esprit du lecteur. »

Du moment que *le Moniteur* entrait dans

la voie des révélations, la note relative à M. Rouher devait être suivie d'une autre ainsi conçue :

« M. de la Valette n'a pas donné sa démission, mais elle eſt acceptée tout de même. »

FIN

Paris. — L. Poupart-Davyl, r. du Bac, 3o.